# Juste quelques indications :

AF272419

Généralement, *il faut seulement lire le texte Allemand !*
En cas d'incompréhension, on peut sauter à la ligne en bas.
Ne pas lire tout le texte traduit.

Les mots soulignés en pointillés sont des expressions.

Les symboles 1... et ...1 indiquent les particules de mots séparables.

Le texte entre des parenthèses carrées [ ] indique un commentaire du traducteur.

Comme un mot peut avoir plusieurs significations,
on observe la règle suivante:
la signification qui est donnée est celle que le mot a
*dans le contexte donné.*

En général on a privilégié le côté pratique par rapport à l'exactitude scientifique.


# Ganz kurz ein paar Hinweise:

Bitte lesen Sie primär *nur den deutschen Text*
auf der Hauptzeile.
Bei Unklarheiten springen Sie runter
zur Übersetzungszeile.
Nicht die Übersetzungszeile im Fluss lesen!

Punktiert unterstrichene Wörter gehören zusammen.

Eine Zahl 1... zeigt an, dass zu dem Wort noch
ein zweites Wort ...1 dazugehört.

Text in eckigen Klammern [ ] = Anmerkung des Übersetzers.

Da ein Wort mehrere Bedeutungen haben kann, gilt:
Es ist diejenige Bedeutung angegeben, die das Wort
*im vorliegenden Zusammenhang* hat.

In Grenzfällen wurde die Praxisnähe bevorzugt
gegenüber wissenschaftlicher Genauigkeit.

Bibliografische Information der Deutschen Nationalbibliothek:

Die Deutsche Nationalbibliothek verzeichnet diese Publikation in der Deutschen Nationalbibliografie. Detaillierte bibliografische Daten sind im Internet abrufbar über http://dnb.d-nb.de

Johann Peter Hebel / Isabelle Schweitzer:
Der listige Kaufmann / Le marchand rusé

Lecture bilingue, Allemand / Français
Lektüre zweisprachig, Deutsch / Französisch

Traduit mot à mot  − chaque mot individuellement − wörtlich übersetzt −  jedes Wort einzeln −

*Deutsche Ausgabe − Deutsch als Fremdsprache*
*German Edition − German as a Foreign Language*

Übersetzerin: Isabelle Schweitzer
Herausgeber: Harald Holder
Die Texte wurden an einigen Stellen behutsam dem Zweck angepasst.

ISBN : 978 − 3 − 94 33 94 − 67 − 2

Copyright Harald Holder 2013
Harald Holder Verlag Augsburg, Germany

Alle Rechte (auch auszugsweiser Nachdruck, auszugsweise oder vollständige Wiedergabe, Speicherung in Datenverarbeitungsanlagen, Übersetzung) vorbehalten.

Druck und Bindung: Books on Demand GmbH, Norderstedt
Printed in Germany

# www.holder-augsburg-zweisprachig.de

## Der listige Kaufmann
Le rusé marchand

**Die Wölfe beißen bisweilen auch ein gescheites Hündlein, sagt**
Les loups mordent de temps à autre aussi un intelligent petit chien dit

**Doktor Luther. Ein französischer Kaufmann segelte mit einem Schiff**
Docteur Luther Un français marchand naviguait avec son bâteau

**voll großen Reichtums aus dem Osten heim, aus dem Morgenland, wo**
remplit [de] grandes richesses depuis l' Orient de retour depuis le pays du soleil levant où

**unser Glaube, unsere Obstbäume und unser Blut daheim ist, und**
notre croyance nos arbres fruitiers et notre sang chez lui est et
daheim ist = être originaire de

**dachte schon mit Freuden daran, wie er jetzt bald ein eigenes**
pensait déjà avec joie à comment il maintenant bientôt un propre

**Schlösslein am Meer bauen, und ruhig leben und alle Abende dreierlei**
petit château à la mer construire et tranquillement vivre et toutes les soirées trois sortes

**Fische zu Nacht speisen wolle. Paff, geschah ein Schuss! Ein**
poisson pour le soir voulait manger Paff arriva un coup de feu Un

**algerisches Raubschiff war in der Nähe, wollte uns gefangen nehmen**
algérien bateau pirate était dans la proximité voulait nous prisonnier prendre

**und geraden Weges nach Algier führen in die Sklaverei. Denn hat man**
et directement vers Alger mener dans l' esclavage Car a on

**zwischen Wasser und Himmel gute Gelegenheit, Luftschlösser zu**
entre eau et ciel bonne occasion, châteaux d'air à
Luftschloss = château en Espagne

**bauen, so hat man auch gute Gelegenheit, zu stehlen. So denken die**
construire ainsi a on aussi bonne occasion de voler Ainsi pensent les

**algerischen Seeräuber auch. Hat das Wasser keine Balken, so hat es**
algériens pirates aussi. A l' eau pas [de] poutres ainsi a elle

**auch keine Galgen. Zum Glück hatte der Kaufmann einen Kroaten auf**
aussi aucune potence. Par chance avait le marchand un Croate sur

**dem Schiff, der schon einmal in algerischer Gefangenschaft gewesen**
le bateau qui déjà une fois en algérienne captivité était

**war und ihre Sprache und ihre Prügel aus dem Fundament verstand.**
avait et leur langue et leurs coups du fondement comprit.


**Zu dem sagte der Kaufmann: "Nicolo, hast du Lust noch einmal**
A celui-ci dit le marchand Nicolo as - tu envie encore une fois

**algerisch zu werden? Folge mir, was ich dir sage, so kannst du dich**
algérien à devenir Suis moi ce que je te dis ainsi peux tu te

**erretten, und uns." Also verbargen wir uns alle im Schiff, dass kein**
sauver et nous [aussi] Donc cachions nous nous tous dans le bateau que aucune

**Mensch zu sehen war; nur der Kroate stellte sich oben auf das Deck.**
personne visible était seulement le Croate posait soi en-haut sur le pont.


4

**Als nun die Seeräuber mit ihren blinkenden Säbeln schon nahe waren**
Quand maintenant les pirates avec leurs brillants sabres déjà près étaient

**und riefen, die Christenhunde sollten sich ergeben, fing der Kroate mit**
et criaient les chiens du Christ devaient se rendre commençait 1... le Croate avec

**kläglicher Stimme auf Arabisch an: "Wir sind alle an der Pest**
sonore voix en Arabe ...1 Nous sommes tous de la Peste

**gestorben, bis auf die Kranken, die noch auf ihr Ende warten, und ein**
mort sauf les malades qui encore sur leur fin attendent et un

**deutscher Amtsdiener und ich. Um Gottes Willen, rettet mich!" Dem**
allemand fonctionnaire et moi. Pour Dieu volonté sauvez - moi Le

**algerischen Kapitän, als er hörte, dass er so nah an einem Schiff voll**
algérien capitaine lorsqu'il entendait que il si près à un bateau plein

**Pest sei, wurde leichenblass. In der größten**
peste était devenait pâle comme un mort. Dans la plus grande

**Geschwindigkeit hielt er das Taschentuch vor die Nase, hatte aber**
vitesse tenait il le mouchoir devant le nez avait mais

**keines, sondern den Ärmel; und lenkte sein Schiff hinter den Wind.**
aucun seulement la manche et dirigeait son bateau derrière le vent

**"Gott helfe dir, der Gnädige und Barmherzige! Aber geh zum Henker**
Dieu aide toi le gracieux et miséricordieux Mais va à le bourreau

**mit deiner Pest! Ich will dir eine Flasche voll Kräuteressig reichen."**
avec ta peste Je veux te une bouteille pleine[de] vinaigre de plantes donner

**Darauf ließ er ihm eine Flasche voll Kräuteressig reichen, an einer**
Là-dessus laissait il lui une bouteille pleine[de] vinaigre de plantes donner à une

**langen Stange, und segelte so schnell wie möglich davon. Also kamen**
longue tige et naviguait aussi rapidement que possible plus loin Ainsi venions

**wir glücklich aus der Gefahr, und der Kaufherr baute hernach in der**
nous heureusement de le danger et le marchand construisit par après dans la

**Gegend von Marseille das Schlösslein und stellte den Kroaten als**
région de Marseille le petit château et embaucha 1... le Croate comme

**Hausmeister an, auf lebenslang.**
Concierge ...1 à vie


## Das schlaue Mädchen
La intelligente fillette


**In einer großen Stadt hatten viele reiche und vornehme Herren einen**
Dans une grande ville avaient beaucoup riches et distingués messieurs un

**lustigen Tag. Einer von ihnen dachte: "Könnt ihr heute dem Wirt und**
drôle jour Un de eux pensait Pourriez vous aujourd'hui ce patron et

5

**den Musikanten wenigstens 1500 Gulden zu verdienen geben, so**
ces musiciens au moins 1500 florins à gagner donner ainsi

**könnt ihr auch etwas für die liebe Armut beisteuern." Also kam, als**
pouvez vous aussi un peu pour la chère pauvreté imposer. Ainsi venait lorsque

**die Herren am fröhlichsten waren, ein hübsches und nett gekleidetes**
les messieurs le plus joyeux étaient une jolie et sympathique habillée

**Mädchen mit einem Teller und bat mit süßen Blicken und liebem**
fillette avec une assiette et proposa avec doux regards et aimable

**Wort um eine Gabe für die Armen. Jeder gab, der eine weniger, der**
mot pour une offrande pour les pauvres. Chacun donna l' un moins l'

**andere mehr, je nachdem der Geldbeutel beschaffen war und das**
autre plus en fonction de bourse constituée était et le

**Herz. Denn kleiner Beutel und enges Herz gibt wenig. Weiter Beutel**
coeur. Car petite bourse et étroit coeur donne peu. Large bourse

**und großes Herz gibt viel. So ein Herz hatte derjenige, zu welchem**
et grand coeur donne beaucoup Ainsi un coeur avait celui auquel

**das Mädchen jetzt kommt. Denn als er ihm in die hellen,**
la fillette maintenant arrive. Car lorsqu' il elle dans les clairs

**schmeichelnden Augen schaute, ging ihm das Herz fast in Liebe auf.**
flatteurs yeux regarda ouvrit 1... lui le coeur presque en amour ...1.


**Deswegen legte er zwei Louisdor auf den Teller und sagte dem**
Pour cette raison posa il deux Louis d'or sur la assiette et dit à la

**Mädchen ins Ohr: "Für deine zwei schönen blauen Augen." Das war**
fillette dans oreille Pour tes deux beaux bleu yeux. Ceci était

**nämlich so gemeint: Weil du, schöne Gutherzige für die Armen, zwei**
en effet ainsi pensé Car toi belle généreuse pour les pauvres deux

**so schöne Augen hast, so geb' ich den Armen zwei so schöne**
si beaux yeux as aussi donne je aux pauvres deux si beaux

**Louisdor, sonst würde eine auch reichen. Das schlaue Mädchen aber**
Louis d'or sinon pourrait une aussi suffire. La intelligente fillette mais

**stellte sich, als wenn es die Sache ganz anders verstünde. Denn weil er**
montrait soi comme si elle la chose tout autrement comprenait. Car parcequ' il

**sagte: "Für deine zwei schöne Augen" – nahm es ganz züchtig die**
disait Pour tes deux beaux yeux prit elle tout chastement les

**zwei Louisdor vom Teller weg, steckte sie in den eigenen Sack und**
deux Louis d'or de la assiette parti enfonça les dans le propre sac et

**sagte mit schmeichelnden Gebärden: "Schönen, herzlichen Dank!**
dit avec flatteurs comportements beau chaleureux merci


**Aber seid so gut und gebt mir jetzt auch noch etwas für die**
Mais soyez si bon et donnez moi maintenant aussi encore quelque chose pour les

6

**Armen."**
pauvres

**Da legte der Herr noch einmal zwei Louisdor auf den Teller, kniff das**
Là posa le monsieur encore une fois deux Louis d'or sur la assiette pinça la

**Mädchen freundlich in die Backen und sagte: "Du kleiner Schuft!"**
fillette gentillement dans les joues et disait Toi petite crapule

**Von den andern aber wurde er ganz entsetzlich ausgelacht, und sie**
Des autres mais était il tout horriblement moqué et ils

**tranken auf des Mädels Gesundheit, und die Musikanten machten**
buvaient sur la [génitiv] fillette santé et les musiciens faisaient

**Wirbel.**
remue-ménage.


## Der Fremde in Memel
Le étranger dans Memel

**Oft sieht die Wahrheit wie eine Lüge aus. Das erfuhr ein Fremder,**
Souvent ressemble1... la vérité comme un mensonge ...1 Ceci apprit un étranger

**der vor einigen Jahren mit einem Schiff aus Westindien an den Küsten**
qui il y a quelques années avec un bateau de Caraïbes à les côtes

**der Ostsee ankam. Damals war der russische Kaiser bei dem König**
[de] la mer Baltique arriva A l'époque était le russe empereur chez le roi

**von Preußen auf Besuch. Beide Monarchen standen in gewöhnlicher**
de Prusse en visite Les deux monarques se tenaient en ordinaire

**Kleidung, ohne Begleitung, Hand in Hand, als zwei rechte gute**
habillement sans accompagnateur main dans la main comme deux très bons

**Freunde, beieinander am Ufer. So etwas sieht man**
amis ensemble sur la rive Quelque chose comme ça voit on

**nicht alle Tage.**
pas tous [les] jours

**Der Fremde dachte auch nicht daran, sondern ging ganz treuherzig**
Le étranger y pensa 1... aussi pas ...1 mais alla 2... tout candide

**auf sie zu, meinte, es seien zwei Kaufleute oder andere Herren aus der**
vers eux ...2 pensa ce seraient deux commerçants ou autres messieurs de la

**Gegend, und fing ein Gespräch mit ihnen an, war begierig,**
région et commença 3... une discussion avec eux ...3 était avide

**allerlei neues zu hören, das seit seiner Abwesenheit sich zugetragen**
toute sorte nouveauté à entendre que depuis son absence se produit

**habe. Endlich, da die beiden Monarchen sich leutselig mit ihm**
avait Enfin comme les deux monarques se affable avec lui

**unterhielten, fand er Veranlassung, den einen auf eine höfliche Art zu**
discutaient trouva il instigation l'un sur une poli manière à

fragen, wer er sei. "Ich bin der König von Preußen", sagte der eine.
demander qui il était Je suis le roi de Prusse dit l'un

Das kam nun dem fremden Ankömmling schon ein wenig
Ceci sembla1... maintenant le étranger arrivant déjà un peu

sonderbar vor. Doch dachte er: Es ist möglich, und machte vor dem
curieux ...1 Mais pensa il C' est possible et faisait devant le

Könige ein ehrerbietiges Kompliment. Und das war vernünftig.
roi un déférent compliment Et ceci était raisonnable

In zweifelhaften Dingen muss man immer das Sicherste und Beste
En douteuses choses doit on toujours le plus sûr et meilleur

wählen und lieber eine Höflichkeit aus Irrtum begehen als eine
choisir et plutôt une politesse par erreur commettre que une

Grobheit. Als aber der König weiter sprach und auf seinen Begleiter
grossièreté Lorsque mais le roi parla à nouveau et sur son accompagnateur

deutete: "Dies ist Seine Majestät der russische Kaiser", da war 's
montra Ceci est sa majesté le russe empereur là était ce

doch dem ehrlichen Mann, als wenn zwei Spaßvögel ihn zum
tout de même le honnête homme comme si deux plaisantins lui pour le

Narren halten wollten, und sagte: "Wenn ihr Herren mit einem
fou prendre voulaient et disait Si vous messieurs avec un

ehrlichen Mann euern Spaß haben wollt, so sucht einen andern als
honnête homme votre divertissement avoir voulez alors cherchez un autre que

mich. Bin ich deswegen aus Westindien hierher gekommen, dass ich
moi Suis je pour cette raison de Caraïbes ici venu que je

euer Narr sei?" – Der Kaiser wollte ihm zwar versichern, dass er
votre fou serait Le empereur voulait lui certes assurer que il

tatsächlich derjenige sei. Der Fremde gab jedoch kein Gehör mehr.
en réalité celui serait Le étranger donna pourtant aucune écoute plus

"Ein russischer Spaßvogel mögt Ihr sein", sagte er. Als er aber
Un russe plaisantin vouloir vous être disait il Lorsque il mais

nachher im "Grünen Baum" die Sache erzählte und gegenteiligen
après à le "Vert Arbre" la chose raconta et contraire

Bericht bekam, da kam er ganz demütig wieder, bat fußfällig um
rapport reçut là venait il tout humble à nouveau pria à genoux pour

Vergebung, und die großmütigen Monarchen verziehen ihm, wie
pardon et les magnanimes monarques pardonnèrent lui comme

natürlich, und hatten hernach viel Spaß an dem Vorfall.
naturellement et avaient après beaucoup plaisir à cet incident

8

# Der geheilte Patient
Le   guéri   patient

Reiche Leute haben trotz ihres Wohlstandes doch manchmal
Riche[s] personnes ont malgré leur aisance tout de même quelques fois

auch allerlei Lasten und Krankheiten auszustehen, von denen gottlob
aussi toutes sortes charges et maladies [à] supporter desquelles Dieu merci

der arme Mann nichts weiß, denn es gibt Krankheiten, die nicht in der
le pauvre homme rien sait car il existe maladies qui ne dans l'

Luft stecken, sondern in den vollen Schüsseln und Gläsern und in den
air se trouvent mais dans les plein saladiers et verres et dans les

weichen Sesseln und seidenen Betten, wie jener reiche Amsterdamer
moelleux fauteuils et soyeux lits comme ce riche Amsterdamois

ein Wort davon reden kann.
un mot en parler peut


Den ganzen Vormittag saß er im Lehnsessel und rauchte Tabak, wenn
Le tout matin assis il dans le fauteuil et fumait tabac lorsque

er nicht zu faul war, oder sah gelangweilt zum Fenster hinaus,
il pas trop paresseux était ou regardait ennuyé par la fenêtre dehors

aß aber zu Mittag doch wie ein Scheunendrescher, die Nachbarn
mangeait mais à midi quand même comme une moissonneuse-batteuse les voisins

sagten manchmal: "Windet es draußen oder schnauft der Nachbar
disaient quelques fois Vente - il dehors ou respire le voisin

so?" Den ganzen Nachmittag aß und trank er ebenfalls bald etwas
ainsi Tout entier après-midi mangea et buvait il également bientôt quelque chose

Kaltes, bald etwas Warmes, ohne Hunger und ohne Appetit, aus lauter
froid bientôt quelque chose chaud sans faim et sans appétit de rien que

Langeweile bis an den Abend, so daß man bei ihm nie recht sagen
ennui jusque à le soir si bien que on chez lui jamais vraiment dire

konnte, wo das Mittagessen aufhörte und wo das Nachtessen anfing.
pouvait où le déjeuner terminait et où le dîner débutait


Nach dem Nachtessen legte er sich ins Bett und war so müde, als
Après le dîner couchait il se dans le lit et était si fatigué comme

wenn er den ganzen Tag Steine abgeladen oder Holz gespalten hätte.
si il le entier jour cailloux déchargé ou bois fendu avait

Davon bekam er zuletzt einen dicken Leib, der so unbeholfen war wie
De ceci reçut il en dernier un gros corps qui si gauche était comme

ein Sack. Essen und Schlaf wollten ihm nicht mehr schmecken, und er
un sac Manger et dormir voulaient lui ne plus plaire et il

war lange Zeit, wie es manchmal geht, nicht recht gesund und nicht
était long temps comme il quelques fois va ne vraiment en forme et ne

9

**recht  krank;  wenn man aber ihn selber hörte,  so  hatte er  365**
vraiment malade   quand   on   mais   lui  même  entendait ainsi  avait   il   365

**Krankheiten, nämlich alle   Tage eine andere.**
maladies        notamment tous les  jours  une   autre


**Alle Ärzte, die in Amsterdam sind, mussten ihm raten.  Er verschluckte**
Tous médecins qui  à  Amsterdam   sont  devaient  lui  conseiller Il   avalait

**ganze Eimer voll Mixturen und ganze Schaufeln voll Pulver und**
entiers  seaux  plein  mixtures   et  entieres  pelles   pleine  poudre   et

**Pillen, wie Enteneier so groß, und man nannte ihn zuletzt scherzweise**
pillules  comme œufs de canard si  gros   et   on  appelait  lui  en dernier  plaisantant

**nur die zweibeinige Apotheke.  Aber  alle  Ärzte  halfen  ihm nichts**
que  la  avec deux jambes  pharmacie  Mais  tous  médecins aidaient  lui   rien

**denn er befolgte nicht, was ihm die Ärzte  befahlen, sondern sagte:**
car  il  suivait   ne  ce que  lui  les médecins conseillaient  mais    disait

**"Wofür bin ich ein reicher Mann, wenn ich leben soll  wie   ein Hund,**
Pourquoi suis je  un   riche  homme  si  je  vivre  doit comme un  chien

**und der Doktor will mich nicht gesund machen für mein Geld?"**
et   le   docteur  veut  moi  pas   guérir   faire   pour  mon  argent


**Endlich hörte er von einem Arzt, der hundert Stunden weit weg**
Enfin   entendait il  de   un  médecin qui  cent   heures    loin

**wohnte, der sei so geschickt, dass die Kranken gesund würden, wenn**
habitait   qui soit si  habile   que  les  malades  en forme devenaient  si

**er sie nur  recht anschaute, und der Tod ginge ihm aus dem Wege, wo**
il  les seulement bien  regardait   et  la  mort  partait  lui  de  le   chemin  où

**er sich sehen lasse. Zu dem Arzt fasste  der Mann ein Zutrauen und**
il  se   voir   laisse  A  le médecin saisissait  le  homme  une  confiance   et

**schrieb ihm seinen Umstand. Der Arzt merkte bald, was ihm fehlte,**
écrivait  lui   son   circonstance[s] Le médecin constatait bientôt  quoi  lui  manquait

**nämlich nicht Arznei, sondern Mäßigkeit und Bewegung, und sagte:**
à savoir   pas  médicament mais   modération  et   exercice   et  disait


**"Wart', dich will ich bald kuriert haben!" Deswegen schrieb er ihm**
Attends  toi  veux je  bientôt guérit  avoir  Pour cette raison  écrivait  il  lui

**ein Brieflein mit folgendem Inhalt:**
une  petite lettre  avec  suivant   contenu

**"Guter Freund, Ihr habt einen schlimmen Umstand,  doch  man  kann**
Bon  ami   vous avez  un   terrible  circonstance[s] mais   on   peut

**Euch helfen, wenn Ihr folgen wollt. Ihr habt ein böses  Tier   im**
vous  aider   si  vous  suivre voulez Vous avez un  méchant animal dans le

**Bauch,  ein Biest mit sieben Mäulern. Mit dem Biest muss ich selber**
ventre   une bestiole avec  sept   bouches  Avec  la  bestiole dois  je  moi-même


10

**reden, und Ihr müsst zu mir kommen.**
parler et vous devez à moi venir

**Aber erstens dürft Ihr nicht fahren oder auf dem Rösslein reiten,**
Mais premièrement devez vous pas rouler ou sur le petit cheval monter

**sondern zu Fuß gehen, sonst schüttelt Ihr das Biest, und es beißt**
mais à pied aller sinon secouer vous la bestiole et elle mord 1...

**Euch die Eingeweide ab, sieben Därme auf einmal.**
vous les viscères ...1 sept intestins en une fois

**Zweitens dürft Ihr nicht mehr essen als zweimal am Tag einen Teller**
Deuxièmement devez vous pas plus manger que deux fois par jour une assiette

**voll Gemüse, mittags ein Bratwürstlein dazu, und nachts ein Ei, und**
pleine légumes [à] midi une saucisse à griller avec et [le] soir un œuf et

**am Morgen ein Fleischsüpplein mit Schnittlauch drauf. Was Ihr mehr**
le matin une soupe de viande avec ciboulette dessus Ce que vous plus

**esst, davon wird nur das Biest größer, so dass es Euch die Leber**
mangez de ceci devient seulement la bestiole plus grande ainsi elle vous le foie

**zerdrückt, und der Schneider hat Euch nicht mehr viel anzumessen,**
écrase et le tailleur a vous ne plus beaucoup mesurer

**wohl aber der Schreiner. Dies ist mein Rat, und wenn Ihr mir nicht**
mieux mais le menuisier Ceci est mon conseil et si vous me plus

**folgt, so hört Ihr im nächsten Frühjahr den Kuckuck nicht mehr**
suivez alors entendez vous au prochain printemps le coucou ne plus

**schreien. Tut, was Ihr wollt!"**
crier Faites ce que vous voulez

**Als der Patient so mit sich reden hörte, ließ er sich sogleich am**
Lorsque le patient ainsi avec soi parler entendit laissait il se aussitôt au

**anderen Morgen die Stiefel einfetten und machte sich auf den Weg,**
autre matin les bottes graisser et faisait soi sur le chemin

**wie ihm der Doktor befohlen hatte.**
comme lui le docteur ordonné avait

**Den ersten Tag ging es so langsam, dass eine Schnecke hätte**
Le premier jour allait ça si lentement que un escargot aurait

**mitgehen können, und wer ihn grüßte, dem dankte er nicht, und wo**
aller avec pouvoir et qui le saluait lui remerciait il pas et où

**ein Würmlein auf der Erde kroch, das zertrat er. Aber schon am**
un petit verre sur la terre rempait ceci piétinait il Mais déjà au

**zweiten und am dritten Morgen kam es ihm vor, als wenn die Vögel**
deuxième et au troisième matin semblait 1... lui ...1 comme si les oiseaux

**schon lange nicht mehr so lieblich gesungen hätten, und der Tau**
déjà longtemps plus si joliment chanté avaient et la rosée

**schien ihm so frisch und die Kornrosen im Felde so rot, und alle**
semblait lui si frais et les coquelicots dans le champ si rouge et tous

11

**Leute, die ihm begegneten, sahen**    **so freundlich aus, und er auch.**
gens   qui   lui   croisaient   semblaient 1...   si   amable   ...1   et   lui   aussi

**Und alle Morgen, wenn er aus der Herberge ging, war's schöner, und**
Et   tous   matins   lorsque il   de   l'   auberge   sortait   c'était   plus beau   et

**er ging leichter und munterer dahin, und als er am achtzehnten Tage**
il   allait   plus léger   et   plus gai   y   et lorsque il   le   dix huitième   jour

**in der Stadt des Arztes ankam und den anderen Morgen aufstand, war**
dans la   ville   du   medicin   arriva   et   le   autre   matin   se levait   était

**es ihm so wohl, dass er sagte:**
ce   lui   si   bien   que   il   dit

**"Ich hätte zu keiner ungünstigeren Zeit gesund werden können als**
Je   aurai   à   aucun   plus défavorable   temps   guérir   devenir   pouvoir   que

**jetzt, wo ich zum Doktor soll".**
maintenant   où   je   chez le   docteur   doit

**Als er zum Doktor kam, nahm ihn der Doktor bei der Hand und**
Lorsque il   chez le   docteur   arriva   prit   lui   le   docteur   par   la   main   et

**sagte ihm:**
disait   lui

**"jetzt erzählt mir doch noch einmal von Anfang an, was Euch fehlt."**
Maintenant   racontez   moi   donc   encore   une fois   depuis le début   quoi   vous   manque

**Da sagte er:**
Là   disait   il

**"Herr Doktor, mir fehlt gottlob nichts, und wenn Ihr so gesund seid**
Monsieur   docteur   moi manque   Dieu merci   rien   et   si   vous aussi   en forme   êtes

**wie ich, so soll's mich freuen."**
comme moi   alors   doit   il   me   réjouir

**Der Doktor sagte:**
Le   docteur   disait

**"Das hat Euch ein guter Geist geraten, dass Ihr meinen Rat befolgt**
Ceci   a   vous   un   bon   génie   conseillé   que   vous   mon   conseil   suivi

**habt. Das Biest ist jetzt leblos. Aber Ihr habt noch Eier im Leib,**
avez   La   bestiole est   maintenant   sans vie   Mais   vous   avez   encore   oeufs   dans le   corps

**deswegen müsst Ihr wieder zu Fuß heimgehen und daheim viel**
pour cette raison   devez   vous   à nouveau   à   pied   rentrer chez vous   et   à la maison   beaucoup

**Holz sägen und nicht mehr essen, als Euch der Hunger ermahnt,**
bois   couper   et   ne   plus   manger   comme si   vous   la   faim   rappelle

**damit die Eier nicht ausschlüpfen; so könnt Ihr ein alter Mann**
pour que   les   oeufs   ne   éclosent   ainsi   pouvez   vous   un   vieil   homme

**werden"; und lächelte dazu. Der reiche Fremdling sagte:**
devenir   et   souriait   avec   Le   riche   étranger   disait

**"Herr Doktor, Ihr seid ein guter Freund, und ich versteh Euch wohl",**
Monsieur   [le] docteur   vous   êtes   un   bon   ami   et   je   comprends   vous   bien

**und hat nachher den Rat befolgt und 87 Jahre, vier Monate, zehn Tage**
et a après le conseil suivi et 87 ans quatre mois dix jours

**gelebt, wie ein Fisch im Wasser, so gesund, und hat alle Neujahrstage**
vécu comme un poisson dans la eau si en forme et a tous jours du nouvel an

**dem Arzt 20 Dublonen zum Gruß geschickt.**
au medecin 20 doublons pour salutation[s] envoyé


## Der große Schwimmer
Le grand nageur


**Vor dem leidigen Krieg, als man noch unangefochten aus Frankreich**
Avant la déplaisante guerre lorsque on encore incontestablement depuis France

**nach England reisen und in Dover ein Schöpplein trinken oder**
vers Angleterre voyager et à Douvres une chopine boire ou

**etwas kaufen konnte, ging wöchentlich zweimal ein großes**
quelque chose acheter pouvait alla hebdomadairement deux fois un grand

**Postschiff von Calais nach Dover durch die Meerenge und**
bateau postal de Calais vers Douvres à travers le détroit et

**wieder zurück. Denn dort ist das Meer zwischen beiden Ländern nur**
à nouveau retour Car là est la mer entre deux pays seulement

**wenige Meilen breit. Aber man musste kommen, ehe das Schiff**
quelques miles large Mais on devait venir avant que le bâteau

**abfuhr, wenn man mitfahren wollte.**
partait si on voyager avec voulait


**Dies schien ein Franzose aus Gaskonien nicht zu wissen, denn er kam**
Ceci semblait un Français de Gascogne ne pas à savoir car il arriva

**eine Viertelstunde zu spät, als man schon die Hühner einließ in**
un quart d'heure trop tard lorsque on déjà les poules laissa entrer à

**Calais, und der Himmel überzog sich mit Wolken. Soll ich jetzt ein**
Calais et le ciel chargea se avec nuages Dois je maintenant une

**paar Tage hier sitzen bleiben und mich langweilen, bis wieder**
paire jours ici assis rester et moi ennuyer jusque à nouveau

**eine Gelegenheit kommt? Nein, dachte er, ich gebe einem**
une occasion arrive Non pensait il je donne à un

**Schiffsmann ein Zwölf-Sous-Stücklein und fahre dem Postschiff nach.**
marin une pièce de douze sous et suis 1... le bateau postal ...1

**Denn ein kleines Boot fährt schneller als das schwere Postschiff und**
Car un petit bateau voyage plus vite que le lourd bateau postal et

**holt es wohl ein.**
rattrape 1... le vraisemblablement ...1

**Als er aber in dem offenen Boot saß – ("wenn ich daran gedacht**
Lorsque il mais dans le ouvert bateau assis si je y pensait


13

hätte", sagte der Schiffsmann, " so hätte ich ein Spanntuch
avais disait le marin ainsi aurais je une toile

mitgenommen") – da fing es an zu regnen; aber wie? In kurzer Zeit
emmenée là débutait 2... il ...2 à pleuvoir mais comment Dans court temps

strömte ein Regenguss aus der hohen Nacht herab, als wenn noch ein
déversait une averse de pluie de la haute nuit de haut comme si encore une

Meer von oben mit dem Meer von unten sich vereinigen wollte. Aber
mer de en haut avec la mer de en-bas se réunir voulait Mais

der Gaskonier dachte: "Das gibt einen Spass." – "Gottlob!" sagte
le Gascon pensa Ceci donne un amusement Dieu merci disait

endlich der Schiffsmann, "ich sehe das Postschiff."
enfin le marin je vois le bateau postal


Als er nun an demselben angelegt hatte, und der Gaskonier war
Lorsque il maintenant au celui-ci accosté avait et le Gascon était

hinaufgeklettert und kam mitten in der Nacht und mitten im Meer
grimpé dessus et arriva au milieu dans la nuit et au milieu dans la mer

plötzlich durch das Türlein herein zu der Reisegesellschaft, die im
subitement à travers la petite porte dedans à la compagnie de voyageurs qui dans le

Schiff saß, wunderte sich jeder, wo er herkomme, so spät, so allein und
bateau assis s'étonnait soi chacun [d']où il venait si tard si seul et

so nass.
si mouillé


Denn in einem solchen Seeschiff sitzt man wie in einem Keller und
Car dans un tel bateau assis on comme dans une cave et

hört vor dem Gespräch von der Gesellschaft, vor dem Geschrei der
entend de la conversation de la compagnie de voyageurs de les cris des

Schiffsleute, vor dem Getöse, vor dem Rauschen der Segel und
marins de le vacarme de le grondement des voiles et

Brausen der Wellen nicht, was draußen vorgeht, und keiner dachte
mugissement des vagues rien quoi dehors se passe et personne pensa

daran, dass es regnete. "Ihr seht ja aus!", sagte einer, "als wenn Ihr
y que il pleuvait Et bien vous avez l'air disait quelqu'un comme si vous

wäret gekielholt, das heißt unter dem Schiff durchgezogen worden."
étiez passé sous la quille ceci signifie sous le bateau traversé étiez


"So? Meint Ihr", sagte der Gaskonier, "man könne trocken
Ainsi pensez vous disait le Gascon on pourrait sec

schwimmen? Wenn das noch einer erfindet, so will ich's auch lernen,
nager Si ceci encore quelqu'un invente alors veux je il aussi connaître

denn ich bin der Bote von Oleron und schwimme alle Montage mit
car je suis le messager de Oleron et nage tous [les] lundi avec


14

Briefen und Bestellungen zum Festland, weil's schneller geht. Aber
lettres et commandes vers le continent car il plus vite va Mais

jetzt hab' ich etwas in England zu tun. Wenn's erlaubt ist",
maintenant ai je quelque chose en Angleterre à faire Si il autorisé est

fuhr er fort, "so will ich nun vollends mitfahren, weil ich
continua1... il ...1 ainsi veux je maintenant complètement voyager avec car je

euch glücklicherweise angetroffen habe.
vous par chance trouvé ai


Es kann den Sternen nach nicht mehr weit sein bis Dover." –
Il peut les étoiles d'après plus beaucoup loin être jusqu'à Douvres

"Landsmann", sagte einer und stieß eine Wolke von Tabaksrauch aus
Compatriote disait l'un et expulsa un nuage de fumée de tabac de

dem Mund (es war aber kein Landsmann, sondern ein Engländer),
sa bouche il était mais pas compatriote mais un Anglais

"wenn Ihr von Calais bis hierher geschwommen seid durch das Meer,
si vous depuis Calais jusqu'à ici nagé êtes à travers la mer

so seid Ihr besser als der schwarze Schwimmer in London." – "Ich
alors êtes vous meilleur que le noir nageur à Londres Je

gehe keinem aus dem Weg", sagte der Gaskonier. – "Wollt Ihr's mit
vais personne de le chemin disait le Gascon Voulez vous il avec

ihm versuchen", erwiderte der Engländer, "wenn ich hundert
lui essayer rétorquait le Anglais si je cent

Louisdor auf Euch setze?" Der Gaskonier sagte: "Einverstanden!"
Louis d'or sur vous mise Le Gascon disait Entendu


Reiche Engländer haben den Brauch, auf Leute, die sich in einer
Riches Anglais ont la coutume sur gens qui se dans un

körperlichen Kunst hervortun, große Summen untereinander zu
corporel art mettent en avant grandes sommes entre eux à

verwetten; deswegen nahm der Engländer im Schiff den Gaskonier auf
parier pour cela prit le Anglais dans le bateau le Gascon sur

seine Kosten mit sich nach London und bewirtete ihn gut, auf dass er
ses frais avec soi jusqu'à Londres et régalait lui bien sur que il

bei guten Kräften bliebe.
en bonnes forces restait


"Mylord", sagte er in London zu einem guten Freund, "ich habe
Mylord disait il à Londres à un bon ami je ai

einen Schwimmer mitgebracht vom Meer. Gilt's hundert Guineen: er
un nageur apporté de la mer Vaut il cent guinés il

schwimmt besser als Euer Mohr?" Der gute Freund sagte: "Es gilt!"
nage mieux que votre nègre Le bon ami disait Cela vaut


15

**Am nächsten Tag erschienen beide mit ihren Schwimmern auf einem**
Le prochain jour apparaissaient tous deux avec leurs nageurs sur un

**bestimmten Platz an dem Themse-Fluss, und viele Hundert**
précis emplacement au le Tamise fleuve et nombreuses centaines

**neugierige Menschen hatten sich versammelt und wetteten noch**
curieuses personnes avaient se rassemblé et parièrent encore

**extra, der eine auf den Mohren, der andere auf den Gaskonier, einen**
en plus le un sur le nègre le autre sur le Gascon un

**Schilling, sechs Schilling; eine, zwei, fünf, zehn, zwanzig Guineen,**
schilling six schilling un deux cinq dix vingt guinés

**und der Mohr hielt nicht viel von dem Gaskonier. Als sich aber beide**
et le nègre pensait pas beaucoup de le Gascon Quand soi mais tous deux

**schon ausgekleidet hatten, band sich der Gaskonier mit einem**
déjà deshabillé avaient banda soi le Gascon avec un

**ledernen Riemen noch ein Kistlein an den Leib und sagte nicht**
cuir lacet encore une petite boîte à le corps et disait pas

**warum, als wenn's so sein müsste.**
pourquoi comme si il ainsi doit être

**Der Mohr sagte "Warum das? Habt Ihr so etwas dem**
Le nègre disait Pourquoi ça Avez vous quelque chose comme ça le

**großen Springer nachgemacht, der Bleikugeln an die Füße binden**
grand sauteur imité qui boules de plomb à les pieds attacher

**musste, wenn er einen Hasen fangen wollte, damit er den Hasen nicht**
devait lorsque il un lièvre attraper voulait pour que il le lièvre pas

**übersprang?"**
sauta par-dessus

**Der Gaskonier öffnete das Kistlein und sagte: "Ich habe nur eine**
Le Gascon ouvrit la petite boîte et disait Je ai seulement une

**Flasche Wein darin, ein paar Knackwürste und einen Laib Brot. Ich**
bouteille vin dedans une paire saucisses knack et une miche pain. Je

**wollte Euch eben fragen, wo Ihr Euere Lebensmittel habt. Denn ich**
voulais vous juste demander où vous vos aliments avez Car je

**schwimme jetzt geradewegs den Themsefluss hinab in die Nordsee**
nage maintenant tout droit le fleuve Tamise en-bas dans la mer du Nord

**und durch den Kanal ins Atlantische Meer nach Cadiz, und wenn's**
et à travers le canal dans la Atlantique mer vers Cadix et si il

**nach mir geht, so kehren wir unterwegs nirgends ein, denn bis**
d'après moi va ainsi arrêter 2... nous en route nulle part ...2 car jusque

**Montag, den sechzehnten, muss ich wieder in Oleron sein. Aber in**
lundi le seize dois je à nouveau à Oléron être Mais à

**Cadiz im Rösslein will ich morgen früh ein gutes Mittagessen**
Cadix au *Petit Cheval* veux je demain tôt un bon déjeuner

16

**bestellen, dass es fertig ist, bis Ihr nachkommt."**
commander que il terminé est jusque vous arriverez

**Der aufgeschlossene Leser hätte kaum gedacht, dass er sich auf diese**
Le ouvert lecteur aurait à peine pensé que il se de cette

**Art aus der Affäre herausziehen würde. Aber der Mohr verlor Hören**
manière de la affaire tirer voudrait Mais le nègre perdit entendre

**und Sehen. "Mit diesem Enterich", sagte er zu seinem Herrn, "kann**
et voir Avec ce canard disait il à son maître peux

**ich nicht um die Wette schwimmen. Tut, was ihr wollt", und kleidete**
je pas pour le pari nager Faites ce [que] vous voulez et habilla 1...

**sich wieder an.**
soi à nouveau ...1

**Also war die Wette zu Ende, und der Gaskonier bekam von seinem**
Alors était le pari à [sa] fin et le Gascon reçut de son

**Engländer, der ihn mitgebracht hatte, eine ansehnliche Belohnung,**
Anglais qui lui emmena avait une importante récompense

**der Mohr aber wurde von jedermann ausgelacht. Denn obwohl man**
le nègre mais était de tout le monde moqué Car malgré on

**wohl merken musste, dass der Franzose nur auf die Pauke gehauen**
bien noter devait que le Français seulement sur la timbale taper

auf die Pauke hauen = faire quelque chose de spectaculaire pour intimider quelqu'un

**hatte, so fand doch jedermann Vergnügen an dem kecken Einfall und**
avait ainsi trouva donc tout le monde amusement à la effrontée idée et

**an dem unerwarteten Ausgang, und er wurde nachher von allen, die**
à la imprévue issue et il était après de tous qui

**auf ihn gewettet hatten, noch vier Wochen lang in allen Wirtshäusern**
sur lui parié avaient encore quatre semaines durant dans toutes auberges

**und Bierkneipen verehrt. Und er bekannte, dass er noch nie in seinem**
et bars à bière admiré Et il avoua que il encore jamais dans sa

**Leben im Wasser gewesen war.**
vie dans la eau été avait

**Der Zundelheiner und der Brassenheimer Müller**
Le Zundelheiner et le de Brassenheim meunier

**Eines Tages saß der Zundelheiner ganz betrübt in einem Wirtshaus**
Un jour assis le Zundelheiner tout désolé dans une auberge

**und dachte daran, wie ihn zuerst der rote Dieter und danach sein**
et pensait à comment lui d'abord le rouge Dieter et après son

**eigener Bruder verlassen haben, und wie er jetzt allein ist. "Nein",**
propre frère abandonné ont et comment il maintenant seul est Non

dachte er, "man kann bald keinem Menschen mehr   trauen,   und
pensait il   on   peut bientôt aucun   homme   plus   faire confiance et

wenn man meint, es sei einer   ehrlich,   so   ist er ein Spitzbub."
lorsque on   pense   il serait un   honnête   alors est il   un   galopin

Unterdessen kommen mehrere Gäste in das Wirtshaus und trinken
Entre-temps   viennent   plusieurs   clients dans la   auberge   et   boivent

Neuen Wein.   "Wisst Ihr auch,"   sagte einer,   "dass der Zundelheiner
nouveau vin   Savez vous aussi   disait un   que le   Zundelheiner

im  Land ist und morgen findet   in   der ganzen Gemeinde  eine
dans le pays   est et   demain   a lieu 1... dans la   entière   commune   une

Treibjagd statt, um ihn wieder einzufangen, und der Amtmann und
battue   ...1 pour lui   à nouveau   attrapper   et le   fonctionnaire et

die Schreiber stehen auf dem Anstand!" Als   das der Zundelheiner
le secrétaire   sont   sur le   principe Lorsque ceci le   Zundelheiner

hörte, wurde es ihm grün und gelb vor  den Augen, denn er dachte, es
entendit devenait il lui   vert   et   jaune devant les   yeux   car   il pensait   il

kenne ihn jemand, und   jetzt   wäre er verraten.
connait lui   quelqu'un   et   maintenant serait il   trahit

Ein anderer aber sagte: "Es ist wieder einmal ein blinder Alarm. Sitzt
Un   autre   mais disait   Il   est   à nouveau une fois   une aveugle   alarme   Assis

nicht der  Zundelheiner und sein Bruder in Wollenstein im
pas   le   Zundelheiner   et   son   frère   à   Wollenstein   en

Gefängnis ? »
prison

Unterdessen kommt auf einem wohlgenährten Schimmel der
Entre-temps   vient   sur   un   bien nourri   cheval blanc   le

Brassenheimer Müller mit roten Backen und kleinen, freundlichen
de Brassenheim   meunier avec rouges   joues   et   petits   amicaux

Augen dahergeritten. Und als er in die Stube kam, und hörte, dass sie
yeux   chevauché jusqu'ici Et lorsque il dans la   pièce   venait   et entendait   que   ils

von dem Zundelheiner sprechen, sagt er: "Ich hab' schon so  viel  von
de le   Zundelheiner   parlent   dit il   Je   ai   déjà   si beaucoup de

dem Zundelheiner erzählen gehört. Ich möcht' ihn  doch  auch einmal
le   Zundelheiner   raconté   entendu Je   voudrais   lui cependant aussi   une fois

sehen." Da sagte ein anderer: "Nehmt Euch in Acht, dass Ihr ihn
voir   Là disait un   autre   Prenez   vous   en garde que   vous lui

nicht zu früh zu sehen bekommt! Es geht   die Rede um, er sei wieder
pas   trop tôt à   voir   recevez   Il circule1... la   parole   ...1 il serait   à nouveau

im Land." Aber der Müller sagte: "Pah! Ich komm' noch bei guter
au   pays   Mais le   meunier disait   Bah Je   vais   encore par   bon

Tageszeit        durch den Fridstädter Wald, dann bin ich auf der
moment de la journée   à travers   la   de Fridstadt   forêt   alors   suis je   sur   la

18

**Landstrasse; und wenn ich mich verspäte, geb' ich dem Schimmel die**
grande-route et si je me retarde donne je le cheval blanc les

**Sporen."**
éperons

**Als das der Zundelheiner hörte, fragte er die Wirtin: "Was bin ich**
Lorsque ceci le Zundelheiner entendait demandait il la aubergiste Quoi suis je

**schuldig?", und geht fort in den Fridstädter Wald.**
redevable et repart dans la de Fridstadt forêt

**Unterwegs begegnet ihm ein lahmer Mensch.**
En chemin rencontre lui une paralysée personne

**"Gebt mir für einen Batzen Eure Krücke", sagte er zu dem lahmen**
Donnez moi pour un magot votre béquille disait il à le paralysé

**Bettler. "Ich habe mir den linken Fuß verstaucht, dass ich laut**
mendiant Je ai moi le gauche pied foulé que je bruyamment

**schreien möchte, wenn ich drauf treten muss. Im nächsten Dorf**
crier voudrait lorsque je dessus appuyer dois Dans le prochain village

**macht Euch der Wagner eine neue." Also gab ihm der**
fait vous le constructeur de chariots une nouvelle Alors donna lui le

**Bettler die Krücke.**
mendiant la béquille

**Bald darauf gehen zwei betrunkene Soldaten an ihm vorbei und**
Bientôt dessus vont deux ivres soldats à lui passé et

**singen das Reiterlied. Wie er in den Fridstädter Wald kommt, hängt**
chantent la chanson du cavalier Lorsque il dans la de Fridstadt forêt arrive accroche

**er die Krücke an einen hohen Ast, setzt sich ungefähr sechs Schritte**
il la béquille sur une haute branche assis soi environ six pas

**davon weg an die Strasse und zieht das linke Bein zusammen, als**
éloigné à la route et tire la gauche jambe ensemble comme

**wenn er lahm wäre. Kurz darauf kommt auf stattlichem Schimmel der**
si il paralysé serait Peu après vient sur magnifique cheval blanc le

**Müller daher und macht ein Gesicht, als wenn er sagen wollte: "Bin**
meunier de là et fait un visage comme si il dire voulait Suis

**ich nicht der reiche Müller, und bin ich nicht der schöne Müller, und**
je pas le riche meunier et suis je pas le beau meunier et

**bin ich nicht der witzige Müller?"**
suis je pas le drôle meunier

**Als aber der witzige Müller zu dem Zundelheiner kam, sagte der**
Mais lorsque le drôle meunier à le Zundelheiner arriva disait le

**Zundelheiner mit kläglicher Stimme: "Wolltet Ihr nicht ein Werk der**
Zundelheiner avec piteuse voix Vouliez vous pas une oeuvre de

**Barmherzigkeit tun an einem armen, lahmen Mann? Zwei betrunkene**
bienfaisance faire à un pauvre paralysé homme Deux ivres

19

**Soldaten, sie sind Euch wohl    begegnet, haben mir all mein**
soldats    ils  sont  vous probablement rencontré    ont    moi tout mon

**Almosengeld abgenommen und haben mir aus Bosheit, dass es so**
argent d'aumônes    prit    et  ont  moi par méchanceté que  il  si

**wenig war, die Krücke auf jenen Baum geschleudert, und ist an den**
peu  était  la  béquille sur cet  arbre  projeté    et est à  les

**Ästen hängen geblieben, dass ich nun  nicht mehr weiter kann. Wolltet**
branches accroché  resté    que je maintenant ne  plus continuer peux  Voulez

**Ihr nicht so gut sein und sie mit Eurer Peitsche herunter streifen?"**
vous ne  si  bon  être  et  elle avec votre  fouet    descendre effleurer

**Der Müller sagte: "Ja, sie sind mir begegnet an der Waldspitze. Sie**
Le  meunier disait Oui ils  sont  moi  croisé    à  la  pointe de la forêt  Ils

**haben gesungen: So herzig, wie meine Liesel ist halt nichts auf der**
ont    chanté   Si mignon  comme ma  Liesel est bien  rien   sur  la

**Welt!"  Weil aber der Müller auf einem schmalen Steg  über einen**
terre   Car mais  le  meunier sur  un    étroit   sentier sur  un

**Graben zu dem Baum musste, so  stieg    er von dem Ross  ab,  um**
fossé  à  le  arbre  devait  ainsi descendit 1... il de  le  cheval ...1 pour

**dem armen Teufel die Krücke herunter zu holen.**
le  pauvre  diable  la  béquille descendre à  chercher

**Als  er aber an dem Baum war, und schaut hinauf, schwingt sich der**
Lorsque il mais  à  le  arbre  était  et  regarde en-haut  pivote    soi  le

**Zundelheiner schnell wie ein Adler auf den stattlichen Schimmel, gibt**
Zundelheiner  rapidement comme un aigle  sur  le  magnifique  cheval blanc  donne

**ihm mit dem Absatz die Sporen und reitet davon. "Lasst Euch das**
lui  avec le  talon  les  éperons et  chevauche de là  Laissez vous  la

**Gehen nicht verdrießen," rief er dem Müller zurück, "und wenn Ihr**
marche  pas  chagriner   cria il  le  meunier retour  et  lorsque vous

**heimkommt, so  richtet    Eurer Frau einen Gruß  aus  von dem**
rentrez  ainsi transmettez 2...  votre  femme une  salutation ...2 de  le

**Zundelheiner!"**
Zundelheiner

**So etwas       muss man selber sehen, wenn man's glauben soll!**
Quelque chose comme ça  doit  on  soi-même voir  si  on  y  croire  doit

**Als  er aber eine Viertelstunde nach  Betzeit   nach Brassenheim und**
Lorsque il mais  un  quart d'heure  après temps de prière vers  Brassenheim  et

**an die Mühle kam und alle Räder klapperten, so dass ihn niemand**
à  le  moulin  arrivait et toutes roues  claquaient  pour que  lui  personne

**hörte,  stieg    er vor der Mühle ab, band   den Schimmel an der**
entendrait descendit 1... il devant le  moulin  ...1 noua 2... le  cheval blanc  à  la

**Haustüre an und setzte  seinen Weg  zu Fuß fort.**
porte d'entrée ...2 et  poursuivi 3... son  chemin  à  pied  ...3


# Der listige Quäker
Le  rusé  Quaker

## Die Quäker sind eine Sekte, zum Beispiel in England, fromme,
Les  Quakers sont  une  secte  par  exemple en  Angleterre  pieux

**friedliche und verständige Leute, und dürfen vieles  nicht tun nach**
pacifiques  et  sensées  personnes et  peuvent beaucoup ne pas  faire d'après

**ihren Gesetzen: Nicht schwören, nicht das Gewehr tragen,  vor**
leurs  lois  Ne pas  jurer  ne pas  le  fusil  porter  devant

**niemandem den Hut  abziehen, aber  reiten  dürfen sie, wenn sie**
personne  le  chapeau enlever  mais  chevaucher peuvent ils  si  ils

**Pferde haben.**
chevaux possèdent

**Als  einer von ihnen einmal abends auf einem schönen, stattlichen**
Lorsque un  de  eux  une fois  le soir  sur  un  beau  magnifique

**Pferd nach Hause in die Stadt reiten wollte, wartet auf ihn ein Räuber**
cheval  vers  maison dans la  ville  chevaucher voulait  attend  sur  lui  un  voleur

**mit schwarzem Gesicht, ebenfalls auf einem Ross, dem man alle**
avec  noir  visage  également  sur  un  cheval  que  on  toutes

**Rippen unter der Haut, alle Knochen, alle Gelenke zählen konnte,**
côtes  sous  la  peau  tous  os  toutes articulations compter  pouvait

**nur  nicht die Zähne, denn sie waren alle ausgebissen, nicht**
seulement pas  les  dents  car  elles  étaient toutes  cassées  pas

**vom Hafer, sondern vom Stroh.**
de la  avoine  mais  de la  paille


**"Kind Gottes", sagte der Räuber, "ich möchte meinem armen Tier**
Enfant [de]  Dieu  disait  le  voleur  je  voudrais  mon  pauvre animal

**da, das sich noch  dunkel  an den Auszug der Kinder Israels aus**
là  qui  se  encore sombrement à  la  sortie  des  enfants de Israël  de

**Ägypten erinnern kann,  wohl  auch ein so gutes Futter gönnen, wie**
Egypte  rappeler  peut  sûrement aussi  un  si  bon  fourrage offrir  comme

**das Eure offenbar genossen hat. Wenn's Euch recht ist,  so wollen wir**
le  vôtre  manifestement régalé  a  Si  il  vous opportun est alors voulons nous

**tauschen. Ihr habt doch keine geladene Pistole bei Euch, aber ich."**
échanger  Vous avez mais  pas de  chargé  pistolet  avec vous  mais  moi


**Der Quäker dachte bei sich selbst: "Was ist zu tun? Wenn alle Stricke**
Le  Quaker  pensait  chez  soi-même  Quoi est  à  faire  Si  toutes cordes

Wenn alle Stricke reissen = dans le pire des cas


21

**reißen, so hab' ich zu Hause noch ein zweites Pferd, aber kein zweites**
cassent alors ai je à la maison encore un deuxième cheval mais pas deuxième

**Leben."**
vie

**Also tauschten sie miteinander, und der Räuber ritt auf dem Ross des**
Alors échangaient ils ensemble et le voleur chevaucha sur le cheval du

**Quäkers nach Hause, aber der Quäker führte das arme Tier des**
Quaker vers la maison mais le Quaker conduisait le pauvre animal du

**Räubers am Zaum. Als er aber zur Stadt und an die ersten Häuser**
voleur à la bride Lorsque il mais à la ville et à les premières maisons

**kam, legte er ihm den Zaum auf den Rücken und sagte: "Geh' voraus,**
arriva posa il lui la bride sur le dos et disait Va en avance

**Lazarus; du wirst den Stall deines Herrn besser finden als ich." Und**
[prénom] tu vas la étable de ton maître mieux trouver que moi Et

**so ließ er das Pferd vorausgehen und folgte ihm von einer Gasse zur**
ainsi laissait il le cheval aller en avance et suivait lui de une ruelle à

**andern, bis es vor einer Stalltüre stehen blieb. Als es stehen blieb und**
l'autre jusque il devant une porte d'étable arrêté resta Lorsque il arrêté resta et

**nicht mehr weiter wollte, ging er in das Haus und in die Stube, und**
ne plus loin voulait alla il dans la maison et dans la pièce et

**der Räuber wischte gerade den Ruß aus dem Gesicht, mit dem er es**
le voleur essuyait juste la suie de le visage avec laquelle il le

**geschwärzt hatte; mit einem wollenen Strumpf.**
noircit avait avec un laineux bas

**"Seid Ihr gut nach Hause gekommen?" sagte der Quäker. "Wenn's**
Etes vous bien vers maison arrivé demandait le Quaker Si il

**Euch recht ist, dann wollen wir jetzt unseren Tausch wieder**
vous opportun est alors voulons nous maintenant notre échange à nouveau

**rückgängig machen, er ist ohnehin nicht gerichtlich bestätigt. Gebt**
annuler il est de toutes façons pas juridiquement confirmé Donnez

**mir mein Rösslein wieder, das Eure steht vor der Tür."**
moi mon petit cheval de nouveau le vôtre est devant la porte

**Als sich nun der Spitzbube entdeckt sah, gab er dem Quäker sein**
Lorsque soi maintenant le galopin découvert vu donna il à le Quaker son

**gutes Pferd zurück. "Seid so gut", sagte der Quäker, "und gebt mir**
bon cheval de retour Soyez si bon disait le Quaker et donnez moi

**jetzt auch noch zwei Taler Rittlohn; ich und Euer Rösslein sind**
maintenant aussi encore deux louis salaire cavalier je et votre petit cheval sommes

**miteinander zu Fuß spaziert." Also musste der Spitzbube ihm auch**
ensemble à pied promené Ainsi devait le galopin lui aussi

noch die zwei Taler Rittlohn zahlen. "Nicht wahr, das Tierlein läuft
encore les deux louis salaire cavalier payer    Pas    vrai    le petit animal marche

einen sanften Trab?" sagte der Quäker.
un   paisible  trot  disait le  Quaker


## Der schlaue Soldat
Le intelligent soldat


Ein Soldat im letzten Krieg wusste wohl, dass der Bauer, dem er
Un soldat dans la dernière guerre savait bien que le paysan qui il

jetzt auf der Strasse entgegenging, 100 Gulden für geliefertes Heu
maintenant sur la route venait en face 100 florins pour livré foin

eingenommen hatte und heim tragen wollte. Deswegen bat er ihn um
rentré     avait et à la maison porter voulait A cause de cela pria il lui pour

ein kleines Geschenk, um Tabak und Branntwein zu kaufen. Wer
un petit cadeau   pour tabac et   eau-de-vie à acheter Qui

weiß, ob er mit ein paar Batzen nicht zufrieden gewesen wäre. Aber
sait si il avec une paire magot pas content été aurait Mais

der Landmann versicherte und beteuerte bei Himmel und Hölle, dass
le paysan assurait et protestait par ciel et enfer que

er den eigenen letzten Kreuzer ausgegeben und nichts mehr übrig
il le sien dernier Kreuzer dépensé et rien plus restant

habe.
avait


"Wenn's nur nicht so weit von meinem Quartier wäre", sagte hierauf
Si il seulement pas si loin de mon logis serait disait là-dessus

der Soldat, "so wäre uns beiden zu helfen; aber wenn du nichts hast,
le soldat alors serait nous deux à aider mais si tu rien as

und ich hab' nichts, so müssen wir den Gang zum heiligen Alfonsus
et moi ai rien alors devons nous la marche vers le saint Alphonse

wohl machen. Was er uns heute beschert, wollen wir brüderlich
sûrement faire Ce que il nous aujourd'hui offre voulons nous fraternellement

teilen."
partager

Dieser Alfonsus stand in Stein ausgehauen in einer alten, wenig
Cet Alphonse était debout dans pierre taillé dans une vieille peu

besuchten Kapelle am Feldweg. Der Landmann hatte anfangs keine
fréquentée chapelle au chemin de terre Le paysan avait au début aucune

große Lust zu dieser Wallfahrt. Aber der Soldat versicherte unterwegs
grande envie à ce pélerinage Mais le soldat assura en chemin

seinem Begleiter so nachdrücklich, der heilige Alfonsus habe ihn noch
son accompagnateur si formellement le saint Alphonse aurait lui encore

23

in keiner Not stecken lassen, dass dieser selbst anfing, Hoffnung zu
dans aucun péril coincé laissé que celui-ci soi-même commença espoir à

gewinnen. Vermutlich war in der abgelegenen Kapelle ein Kamerad
gagner Probablement était dans la isolée chapelle un camarade

und Helfershelfer des Soldaten verborgen?
et acolyte du soldat caché

Ganz und gar nicht! Es war wirklich das steinerne Bild des Alfonsus,
Entier et pas du tout Il était vraiment la en pierre image du Alphonse

> Ganz und gar nicht = absolument pas

vor welchem sie jetzt niederknieten, während der Soldat andächtig zu
devant laquelle ils maintenant s'agenouillaient pendant que le soldat recueilli à

beten schien. "Jetzt", sagte er seinem Begleiter ins Ohr, "jetzt
prier semblait Maintenant disait il à son accompagnateur dans la oreille maintenant

hat mir der Heilige gewunken."
a moi le saint fait signe

Er stand auf, ging zu ihm hin, hielt die Ohren an die steinernen
Il se leva alla 1... vers lui ...1 tenait les oreilles à les en pierre

Lippen und kam gar freudig wieder zu seinem Begleiter zurück.
lèvres et revenait 2... tout joyeusement à nouveau vers son accompagnateur ...2

"Einen Gulden hat er mir geschenkt; in meiner Tasche müsse er
Un florin a il moi offert dans ma poche devrait il

schon stecken." Er zog auch wirklich zum Erstaunen des Bauern
déjà coincer Il tira 3... aussi vraiment à le étonnement du paysan

einen Gulden heraus, den er aber schon vorher bei sich hatte, und
un florin ...3 que il mais déjà avant avec soi avait et

teilte ihn, wie versprochen, brüderlich zur Hälfte.
partagea le comme promis fraternellement à la moitié

Das leuchtete dem Bauern ein, und es war ihm ganz recht, dass der
Cela éclaircissait 4... le paysan ...4 et il était lui complètement juste que le

Soldat die Probe noch einmal machte. Alles ging das zweite Mal wie
soldat le essai encore une fois faisait Tout alla la deuxième fois comme

zuerst. Nur kam der Soldat diesmal viel freudiger von dem
en premier Seulement venait le soldat cette fois beaucoup plus joyeusement de le

Heiligen zurück. "Hundert Gulden hat uns jetzt der gute Alfonsus
saint retour Cent florins a nous maintenant le bon Alphonse

geschenkt. In deiner Tasche müssen sie stecken."
offert Dans ta poche doivent ils coincer

Der arme Bauer wurde totenblass, als er dies hörte, und wiederholte
Le pauvre paysan devint blanc comme un mort lorsque il ceci entendait et redisait

seine Versicherung, dass er gewiss keinen Kreuzer habe. Jedoch, der
son assurance que il certainement aucune pièce avait Néanmoins le

24

**Soldat redete ihm zu, er sollte doch nur Vertrauen zu dem heiligen**
soldat sermonnait 1... lui ...1 il devait cependant seulement confiance à le saint

**Alfonsus haben und nachsehen. Alfonsus habe ihn noch nie**
Alphonse avoir et regarder Alphonse aurait lui encore jamais

**enttäuscht.**
déçu

**Wohl oder übel musste er seine Taschen umstülpen und leer machen.**
Bon ou mauvais devait il ses poches retourner et vide faire

wohl oder übel = bon gré mal gré

**Die hundert Gulden kamen richtig zum Vorschein, und – hatte er**
Les cent florins venaient vraiment à apparaître et avait il

**vorher dem schlauen Soldaten die Hälfte von seinem Gulden**
avant le intelligent soldat la moitié de son florin

**abgenommen – so musste er jetzt auch seine hundert Gulden mit ihm**
ponctionné alors devait il maintenant aussi ses cent florins avec lui

**teilen, da half kein Bitten und kein Flehen. Das war fein und listig,**
partager là aida pas de prière et pas de supplication Cela était fin et rusé

**aber eben doch nicht recht, zumal in einer Kapelle.**
mais maintenant néanmoins pas juste surtout dans une chapelle


**Der sicherste Weg**
Le plus sûr chemin


**Manchmal hat selbst ein Betrunkener noch eine Überlegung oder**
Parfois a même un ivre encore une réflexion ou

**doch einen guten Einfall, wie einer, der auf dem Heimweg aus der**
encore une bonne idée comme un qui sur le chemin à la maison de la

**Stadt nicht auf dem gewöhnlichen Pfad, sondern gerade in dem**
ville pas sur le habituel sentier mais tout droit dans la

**Wasser ging, das dicht neben dem Pfad läuft.**
eau alla qui tout près à côté du sentier court

**Ihm begegnete ein menschenfreundlicher Herr, der gerne den**
Lui croisait un philanthrope monsieur qui avec plaisir les

**Notleidenden und Betrunkenen hilft, und wollte ihm die Hand**
personnes dans le besoin et ivres aide et voulait lui la main

**reichen. "Guter Freund", sagte er, "merkt Ihr nicht, dass Ihr im**
tendre Bon ami disait il remarquez vous pas que vous dans la

**Wasser geht? Hier ist der Fußweg!"**
eau marchez Ici est le sentier pédestre

**Der Betrunkene erwiderte: Sonst fände er's auch bequemer, auf dem**
Le ivre rétorquait Ordinairement trouvait il le aussi plus confortable sur le

**trockenen Pfad zu gehen, aber diesmal gehe er ein bisschen mehr**
sec sentier à marcher mais cette fois marcherait il un peu plus

seitlich. "Eben deswegen", sagte der Herr, "will ich Euch aus dem
de côté    Juste    pour cela    disait   le monsieur  veux je   vous   de  le

Bache heraushelfen!" "Eben deswegen", erwiderte der Betrunkene,
ruisseau  aider à sortir    Juste    pour cela    rétorquait   le        ivre

"bleib' ich drin. Denn wenn ich im Bach gehe und falle, so falle ich
reste    je dedans   Car   si    je dans ruisseau marche et  tombe  alors tombe je

auf den Weg. Wenn ich aber auf dem Weg falle, so falle ich in den
sur le   chemin  Si    je mais  sur  le   chemin tombe alors tombe je dans le

Bach." So sagte er und klopfte mit dem Zeigefinger auf die Stirn,
ruisseau Ainsi disait il   et   toquait  avec  le       index       sur le   front

nämlich, dass darin außer dem Rausch auch noch   etwas    mehr sei.
à savoir    que  dedans  à part   la    ivresse  aussi encore quelque chose  plus  était


### Der silberne Löffel
La   argentée  cuillère

In Wien dachte ein Offizier: Ich will  doch    auch einmal im Roten
A Vienne pensait un   officier  Je veux quand même aussi  une fois  au Rouge

Ochsen    zu Mittag essen, und geht in den Roten Ochsen. Da waren
Bœuf [Restaurant] à  midi    manger et  va  dans le  Rouge  Bœuf   Là étaient

bekannte und unbekannte Menschen, Vornehme und Mittelmäßige,
connus    et   inconnus      gens      distinguées  et    médiocres

ehrliche Leute und Spitzbuben, wie überall. Man aß und trank, der
honnêtes personnes et  galopins   comme partout  On mangea et  buva  le

eine viel, der andere wenig. Man sprach und erzählte von diesem und
un beaucoup le  autre   peu   On   parla   et   raconta   de  ceci   et

jenem, zum Beispiel von dem Franzosen, der mit dem großen Wolf
cela   par exemple  de  ce   Français   qui avec  le   grand  loup

gekämpft hat.
lutté     a

Als   nun   das Essen fast vorbei war, einer und der andere trank
Quand maintenant le  repas presque fini était  le un   et  le  autre  buva

noch eine halbe Maß Bier, ein anderer drehte Kügelchen aus weichem
encore une  demi chope bière un  autre   tournait  petites billes  de  tendre

Brot, als wenn er ein Apotheker wär' und wollte Pillen machen, ein
pain comme si  il  un  pharmacien était  et  voulait  pillules  faire   un

dritter spielte mit dem Messer oder mit der Gabel oder mit dem
troisième jouait avec  le  couteau  ou  avec  la fourchette ou  avec  la

silbernen Löffel.
argentée  cuillère

Da sah    der Offizier zufällig zu, wie einer in einer grünen Jacke mit
Là regarda 1... le officier  par hasard ...1 comme un dans une   verte  veste avec


26

dem silbernen Löffel spielte, und wie ihm der Löffel plötzlich in den
la argentée cuillère jouait et comment lui la cuillère subitement dans la

Ärmel hineinschlüpfte und nicht wieder herauskam. Ein anderer hätte
manche enfilait et plus de nouveau ressortait Un autre aurait

gedacht: was geht es mich an? und wäre still gewesen oder hätte
pensé quoi regarde 2... il moi ...2 et serait silencieux été ou aurait

großen Lärm angefangen. Der Offizier dachte: Ich weiß nicht, wer der
grand bruit commencé Le officier pensait Je sais pas qui le

grüne Löffeldieb ist, und was es für einen Verdruss geben kann, und
vert voleur de cuillère est et quoi il pour un déboire donner peut et

war mäuschenstill, bis der Wirt kam und das Geld einzog.
était silencieux comme une souris jusqu'à le aubergiste venait et le argent préleva

Als der Wirt kam und das Geld einzog, nahm der Offizier auch einen
Lorsque le aubergiste venait et le argent préleva prit le officier aussi une

silbernen Löffel und steckte ihn in ein Knopfloch in der Jacke, wie es
argentée cuillère et enfonça elle dans une boutonnière dans la veste comme il

manchmal die Soldaten im Krieg machen, wenn sie den Löffel
parfois les soldats en guerre faisaient lorsque ils la cuillère

mitbringen, aber keine Suppe. Während der Offizier seine Zeche
apportent mais pas de soupe Pendant le officier son addition

bezahlte, und der Wirt schaute ihm auf die Jacke, dachte er: Das ist
payait et le aubergiste regardait lui sur la veste pensait il Ceci est

ein seltsamer Verdienstorden, den der Herr da hängen hat. Der muss
une singulière décoration pour service rendu que le monsieur là accroché a Il doit

sich im Kampf mit einer Krebssuppe hervorgetan haben, dass er als
soi au combat avec une soupe de crabes apparaître avoir que il comme

Ehrenzeichen einen silbernen Löffel bekommen hat; oder ist's
distinction une argentée cuillère reçue a ou est il

gar einer von meinen eigenen?
entièrement une de mes propres

Als aber der Offizier dem Wirt die Zeche bezahlt hatte, sagte er mit
Lorsque mais le officier [a] le aubergiste la addition payée avait disait il avec

ernsthafter Miene: „Und den Löffel bekomme ich ja dazu. Nicht
sérieuse mine Et la cuillère reçois je bien avec N'est-ce

wahr? Die Zeche ist ja teuer genug." Der Wirt sagte: „So etwas
pas La addition est bien chère assez Le aubergiste disait Quelque chose comme ça

ist mir noch nicht vorgekommen. Wenn Ihr keinen Löffel daheim
est moi encore pas arrivé Si vous pas de cuillère à la maison

habt, dann will ich Euch einen Blechlöffel schenken, aber meinen
avez alors veux je vous une cuillère en fer-blanc offrir mais ma

silbernen lasst Ihr mir da." Da stand der Offizier auf, klopfte dem
argentée laissez vous moi ici Alors se leva 1... le officier ...1 toquait le

27

**Wirt auf die Schulter und lächelte. „Wir haben nur Spaß gemacht",**
aubergiste sur la épaule et souriait Nous avons seulement blague fait

**sagte er, „ich und der Herr dort in der grünen Jacke. Gebt Ihr Euren**
disait il moi et le monsieur là dans la verte veste Donnez vous votre

**Löffel wieder aus dem Ärmel heraus, grüner Herr, dann will ich**
cuillère à nouveau de la manche dehors vert monsieur alors veux je

**meinen auch wieder hergeben."**
la mienne aussi à nouveau redonner

**Als der Löffeldieb merkte, dass er verraten war, und dass ein ehrliches**
Lorsque le voleur de cuillère remarqua que il démasqué était et que un honnête

**Auge auf seine unehrliche Hand gesehen hatte, dachte er: Lieber Spaß**
oeil sur sa malhonnête main regardé avait pensait il Plutôt blague

**als Ernst, und gab seinen Löffel ebenfalls her. Also kam der Wirt**
que sérieux et redonna 2... sa cuillère également ...2 Ainsi venait le aubergiste

**wieder zu seinem Eigentum, und der Löffeldieb lachte auch – aber**
de nouveau à sa propriété et le voleur de cuillère rigolait aussi mais

**nicht lange!**
pas longtemps

**Denn als die anderen Gäste das sahen, jagten sie den verratenen Dieb**
Car lorsque les autres clients ceci virent chassèrent ils le trahi voleur

**mit Schimpf und Schande und ein paar Tritten zur Türe hinaus, und**
avec insultes et honte et une paire coups de pieds par porte dehors et

**der Wirt schickte ihm den Hausknecht mit einer Hand voll Asche**
le aubergiste envoya lui le valet de maison avec une main pleine cendre

**hinterher. Den redlichen Offizier aber bewirtete er noch mit einer**
par derrière Le honnête officier mais régalait il encore avec une

**Flasche Wein auf das Wohl aller ehrlichen Leute. Merke: Das Recht**
bouteille vin sur la santé [de] tous honnêtes gens Prenez note La justice

**findet seinen Knecht.**
trouve son valet

## Der unschuldig Gehenkte
Le innocent pendu

**Folgende unglückliche Begebenheit hat sich im Schwarzwald**
Suivante malheureuse aventure a se en Forêt Noire

**zugetragen. Mehrere Buben hüteten miteinander unten am Wald das**
passée Plusieurs garçons gardèrent ensemble en-bas à la forêt le

**Vieh ihrer Eltern. In der Langeweile trieben sie allerlei und ahmten,**
bétail de leurs parents Dans le ennui firent ils de tout et imitèrent 1...

**wie man in diesem Alter zu tun pflegt, im Spiel die erwachsenen**
comment on dans cet âge à faire prendre dans [le] jeu les adultes

**Menschen nach.**
personnes ...1

**Eines Tages sagte der eine von ihnen: „Ich will der Dieb sein." –**
Un jour disait le un de eux Je veux le voleur être

**„Dann will ich der Kommissar sein", sagte der zweite. „Seid ihr die**
Alors veux je le commissaire être disait le second Etes vous les

**Polizisten", sagte er zum dritten und vierten, „und du bist der**
policiers disait il à le troisième et quatrième et toi es le

**Henker", sprach er zum fünften. Gut! Der Dieb stiehlt einem**
bourreau disait il à le cinquième Bien Le voleur vole un

**Kameraden heimlich ein Messer und flieht; der Bestohlene klagt beim**
camarade en secret un couteau et s'enfuit le volé se plaint chez le

**Kommissar; die Polizisten streifen im Revier, fangen den Dieb in**
commissaire les policiers rôdent dans le territoire attrapent le voleur dans

**einem hohlen Baum und liefern ihn ein. Der Richter verurteilt ihn**
un creux arbre et incarcèrent 1... lui ...1 Le juge condamne lui

**zum Tode.**
à mort

**Unterdessen hört man im Wald einen Schuss fallen, und Hundegebell.**
Dans l'intervalle entend on dans la forêt un coup de feu tomber et aboiements de chiens

**Man achtet nicht darauf. Der Henker wirft dem Übeltäter kurz einen**
On veille pas y Le bourreau lance à le criminel brièvement une

**Strick um den Hals und bindet ihn im Unverstand und Leichtsinn an**
corde au le cou et attache lui dans la inconscience et insouciance à

**einen Ast, so, dass er mit den Füßen die Erde nicht berührt; denkt,**
une branche ainsi que il avec les pieds la terre pas touche pense

**einen Augenblick kann er's schon aushalten.**
un instant peut il le déjà supporter

**Plötzlich rauscht es im dürren Laub im Wald; es knackt und kracht im**
Soudain bruisse il dans le sec feuillage dans la forêt il claque et craque dans le

**dichten Gehölz; ein schwarzer, wilder Eber bricht zottig und blitzend**
touffu bosquet un noir sauvage sanglier extrait poilu et brillant

**aus dem Wald hervor und läuft über den Richtplatz. Die Hirtenbuben,**
de la forêt dehors et court sur la place de jugement Les garçons bergers

**denen es ohnehin halb zumute war, als ob es doch nicht ganz recht**
que il de toutes façons à moitié d'humeur était comme si il encore pas entier juste

**wäre, erschrecken, und meinen, es wäre der Teufel, und laufen vor**
serait s'effrayèrent et pensaient il serait le diable et courent 1... de

**Angst davon. Einer von ihnen läuft ins Dorf und erzählt, was**
peur ...1 Un de eux court au village et raconte quoi

**geschehen ist. Aber als man kam, um den Gehenkten abzulösen, war**
arrivé est Mais lorsque on arriva pour le pendu libérer était

**er erstickt und tot.**
il étouffé et mort

**Dies ist eine Warnung. Der Kommissar und die Polizisten kamen für**
Ceci est un avertissement Le commissaire et les policiers arrivèrent pour

**drei Wochen ins Gefängnis, und der Henker für sechs. Dass der Eber**
trois semaines en prison et le bourreau pour six Que le sanglier

**der Teufel war, hat sich nicht bestätigt. Denn er wurde von den**
le diable était a se pas confirmé Car il devint de les

**nacheilenden Jägern erlegt; der Teufel aber ist noch am Leben.**
suivants chasseurs tué le diable mais est encore en vie

**Der Wasserträger**
Le porteur d'eau

**In Paris holt man das Wasser nicht aus dem Brunnen. Man schöpft**
A Paris cherche on la eau pas de le puits On puise

**das Wasser in dem Fluss, der hindurch fließt, und hat Wasserträger,**
la eau dans la rivière qui à travers coule et a porteurs d'eau

**arme Leute, die jahraus, jahrein das Wasser in die Häuser bringen und**
pauvres gens qui année après année la eau dans les maisons apportent et

**davon leben. Denn man müsste viele Brunnen graben für eine halbe**
de ça vivent Car on devrait beaucoup puits creuser pour une moitié

**Million Menschen in einer Stadt, ohne das unvernünftige Vieh. Auch**
million personnes dans une ville sans le déraisonnable bétail Aussi

**hat das Erdreich dort kein trinkbares Wasser; auch deshalb gräbt man**
a la terre là-bas pas de potable eau aussi c'est pourquoi creuse on

**keine Brunnen.**
pas de puits

**Zwei solche Wasserträger verdienten ihr Stück Brot und tranken am**
Deux pareils porteurs d'eau gagnent leur morceau pain et buvèrent à le

**Sonntag ihren Wein miteinander, viele Jahre lang; auch legten**
dimanche leur vin ensemble nombreuses années longues aussi mirent de côté 1...

**sie immer ein wenig von dem Verdienst zurück und setzten es in der**
ils toujours un peu de le gain ...1 et misaient il dans la

**Lotterie. Wer sein Geld in die Lotterie trägt, trägt' s in den Rhein.**
loterie Qui son argent dans la loterie apporte apporte il dans le Rhin

**Weg ist's! Aber manchmal lässt das Glück einen unter vielen**
Parti est il Mais quelques fois laisse la chance l'un sous nombreux

**Tausenden etwas Nennenswertes gewinnen und man trompetet dazu,**
milliers quelque chose considérable gagner et on barrit avec

**damit die anderen Dummen wieder gelockt werden.**
pour que les autres stupides à nouveau attirés seront

**Also ließ es auch unsere zwei Wasserträger auf einmal gewinnen, mehr**
Ainsi laissait il aussi nos deux porteurs d'eau sur une fois gagner plus

30

**als 100 000 Livres. Einer von ihnen, als  er seinen Anteil heimgetragen**
que 100 000 Livres L'un de eux lorsque il sa part porté à la maison

**hatte, dachte nach: Wie kann ich mein Geld sicher anlegen? Wie viel**
avait songeait Comment peux je mon argent sûr investir Combien

**darf ich pro Jahr verzehren, damit ich von Jahr zu Jahr reicher werde,**
peux je par an consommer pour que je de année à année plus riche deviens

**bis ich's nicht mehr zählen kann? Und wie  ihn seine Überlegung**
jusqu'à je le ne plus compter peux Et comment il son raisonnement

**ermahnte, so tat er, und jetzt  ist er ein steinreicher Mann, und ein**
rappela à l'ordre ainsi fit il et maintenant est il un richissime homme et un

**guter Freund von mir kennt ihn.**
bon ami de moi connaît le

**Der andere sagte: „Gut will ich mir's auch gehen lassen für mein Geld,**
Le autre disait Bien veux je moi il aussi aller laisser pour mon argent

**aber meine Kunden geb' ich nicht auf, dies wäre unklug". Stattdessen**
mais mes clients abandonne 1... je pas ...1 ceci serait imprudent A la place

**nahm er für ein Vierteljahr einen Helfer an, der so lange sein Geschäft**
accepta 2... il pour un trimestre un aide ...2 qui aussi longtemps son affaire

**verrichten musste, wie er reich war. Denn er sagte: „In einem**
executer devait comme il riche était Car il disait Dans un

**Vierteljahr bin ich fertig."**
trimestre suis je fini

**Also kleidet er sich jetzt in die vornehmste Seide, jeden Tag ein neuer**
Ainsi habillait il soi maintenant dans la plus distinguée soie chaque jour un nouveau

**Anzug, eine andere Farbe, einer schöner als der andere, ließ sich alle**
costume une autre couleur l'un plus beau que le autre laissait soi tous

**Tage frisieren, sieben Locken übereinander, mietete für ein**
jours coiffer sept boucles les unes sur les autres louait pour un

**Vierteljahr ein prächtiges Haus, ließ alle Tage zwei Schweine**
trimestre une splendide maison laissait tous jours deux cochons

**schlachten, für sich und seine guten Freunde, die er zum Essen**
abattre pour soi et ses bons amis qui il pour manger

**einlud, und für die Musikanten. Vom Keller bis in das Speisezimmer**
invita et pour les musiciens Depuis cave jusque dans la salle à manger

**standen zwei Reihen Hausangestellte und reichten einander die**
se tenaient deux rangées domestiques et tendaient les uns les autres les

**Flaschen, wie man die Löscheimer reicht bei einem Brand, in der**
bouteilles comme on les seaux de pompier tend lors un incendie dans la

**einen Reihe die leeren Flaschen, in der anderen die vollen.**
une rangée les vides bouteilles dans la autre les pleines

**Den Boden von Paris betrat er nicht mehr, sondern, wenn er  ins**
Le sol de Paris toucha il ne plus mais si il dans le

Theater fahren wollte oder ins Palais Royal, so mussten ihn sechs
théâtre rouler voulait ou dans le Palais Royal ainsi devaient lui six

Diener in die Kutsche hineintragen und wieder heraus. Überall war er
serviteurs dans le carrosse porter dedans et à nouveau dehors Partout était il

der gnädige Herr, der Herr Baron, der Herr Graf und der verständigste
le clément monsieur le monsieur baron le monsieur comte et le plus sencé

Mann in ganz Paris.
homme dans tout Paris

Als er aber drei Wochen vor dem Ende des Vierteljahres in den
Lorsque il mais trois semaines avant la fin de le trimestre dans le

Geldkasten griff, um eine Handvoll Dublonen ungezählt und
coffre [argent] toucha pour une poignée pleine doublons non comptés et

unbeschaut herauszunehmen, als er schon auf den Boden der Kiste
non regardés à retirer lorsque il déjà sur le fond de la caisse

griff, sagte er: „Gott sei Dank, ich werde schneller fertig, als ich
toucha disait il Dieu soit remercié je deviens plus vite fini que je

gedacht habe."
pensé ai

Also bereitete er sich und seinen Freunden noch einen lustigen Tag,
Ainsi préparait il soi et ses amis encore une joyeuse journée

wischte alsdann den Rest seines Reichtums in der Kiste zusammen,
essuyait ensuite le reste de sa richesse dans la caisse ensemble

schenkte es seinem Helfer und gab ihm den Abschied.
offrit il son aide et donna lui le adieu

Denn am anderen Tag ging er selber wieder an sein altes Geschäft,
Car à le autre jour alla il lui-même de nouveau à son ancienne affaire

trägt jetzt Wasser in die Häuser wie vorher, wieder so lustig und
porte maintenant eau dans les maisons comme avant à nouveau si joyeux et

zufrieden wie vorher. Ja, er bringt das Wasser selbst seinem
content comme avant Oui il apporte la eau lui-même à son

ehemaligen Kameraden, nimmt ihm aus alter Freundschaft nichts
ancien camarade prend 1... lui par vieille amitié rien

dafür ab und lacht ihn aus. Ich denke mir etwas dabei, aber ich
pour ça ...1 et rigole 2... lui ...2 Je pense moi quelque chose en mais je

sag's nicht.
dis le pas

Der Zahnarzt
Le dentiste

Zwei Landstreicher, die schon lange miteinander in der Welt
Deux vagabonds qui déjà longtemps ensemble dans le monde

32

**herumgezogen waren, weil sie zum Arbeiten zu träge oder zu**
voyagé étaient parce que ils pour travailler trop paresseux ou trop

**ungeschickt waren, kamen zuletzt in große Not, weil sie wenig Geld**
maladroits étaient venaient en dernier dans grande détresse car ils peu argent

**übrig hatten und nicht wussten, woher nehmen.**
restant avaient et pas savaient de où prendre


**Da gerieten sie auf folgenden Einfall: Sie bettelten vor einigen**
Là arrivèrent ils sur suivante idée Ils mendiaient devant quelques

**Haustüren Brot zusammen, das sie nicht zur Stillung des Hungers**
portes d'entrée pain ensemble que ils pas à tranquilisation de [la] faim

**genießen, sondern zum Betrug missbrauchen wollten. Sie kneteten**
profitent mais pour imposture abuser voulaient Ils pétrissaient

**nämlich aus dem Brot lauter kleine Kügelchen oder Pillen und**
à savoir de le pain beaucoup petites boulettes ou pillules et

**bestreuten sie mit Wurmmehl aus altem, zerfressenem Holz, damit sie**
saupoudrairent elles avec farine de vers de vieux rongé bois afin que elles

**völlig aussahen wie die gelben Arzneipillen. Hierauf kauften**
complètement ressemblaient comme les jaunes pillules médicament Là-dessus achetèrent

**sie für ein paar Batzen einige Bogen rot gefärbtes Papier bei dem**
ils pour quelques magots quelques feuilles rouge teinté papier chez le

**Buchbinder (denn eine schöne Farbe muss gewöhnlich bei jedem**
relieur car une belle couleur doit habituellement chez chaque

**Betrug mithelfen). Das Papier zerschnitten sie alsdann und wickelten**
imposture aider Le papier découpèrent ils alors et enveloppèrent

**die Pillen hinein, je sechs bis acht Stück in ein Päckchen.**
les pillules dedans toujours six à huit pièces dans un petit paquet


**Nun ging der eine voraus in ein Dorf, wo gerade Jahrmarkt war, und**
Maintenant allait le un en avance dans un village où justement marché annuel était et

**in den Roten Löwen, wo er viele Gäste anzutreffen hoffte. Er forderte**
dans le Rouge Lion [auberge] où il beaucoup convives rencontrer espérait Il demandait

**ein Glas Wein, trank aber nicht, sondern saß ganz wehmütig in einem**
un verre vin buva cependant pas mais assis tout abattu dans un

**Winkel, hielt die Hand an den Backen, winselte halblaut für sich und**
angle tenait la main à la joue pleurnichait à mi-voix pour soi et

**drehte sich unruhig hin und her. Die ehrlichen Landleute und Bürger,**
tournait soi nerveusement va-et-vient Les honnêtes ruraux et citoyens

**die im Wirtshaus waren, bildeten sich wohl ein, dass der arme**
qui dans la auberge étaient imaginèrent 1... soi sûrement ...1 que la pauvre

**Mensch ganz entsetzlich Zahnweh haben müsse. Aber was war zu**
personne tout horriblement mal de dents avoir devait Mais que était à

tun? Man bedauerte ihn, man tröstete ihn, dass es schon wieder
faire On plaignait lui on consolait lui que il déjà à nouveau

vergehen werde, trank weiter und sprach über seine Marktaffären.
passer allait buva à nouveau et parla sur ses affaires de marché

Unterdessen kam der andere Tagedieb auch nach. Da stellten
Dans l'intervalle arriva 1... le autre voleur aussi ...1 Là feignaient

sich die beiden Schelme, als ob noch keiner den andern in seinem
soi les deux fripons comme si encore aucun le autre dans sa

Leben gesehen hätte. Keiner sah den andern an, bis der zweite durch
vie vu avait Aucun regarda 2... le autre ...2 jusque le deuxième par

das Winseln des ersten, der im Winkel saß, aufmerksam zu werden
le pleurnichement du premier qui dans le angle assis attentif à devenir

schien.
semblait


„Guter Freund", sprach er, „Ihr scheint wohl Zahnschmerzen zu
Bon ami parla il Vous semblez sûrement mal de dents à

haben?" und ging mit großen, aber langsamen Schritten auf ihn zu.
avoir et vint 1... avec grands mais lents pas sur lui ...1

„Ich bin der Doktor Staunzius Rapunzia von Trafalgar", fuhr er fort.
Je suis le docteur Staunzius Rapunzia de Trafalgar continua 2... il ...2

Denn solche fremde, volltönige Namen müssen auch zum Betrug
Car pareils étrangers sonnant bien noms doivent aussi à la imposture

behilflich sein wie die Farben. „Und wenn Ihr meine Zahnpillen
serviable être comme les couleurs Et si vous mes pillules pour les dents

gebrauchen wollt", fuhr er fort, „so kann ich Euch mit einer,
utiliser voulez continua 3... il ...3 alors peux je vous avec une

höchstens zweien, von Eurem Leiden befreien." „Das wolle Gott",
au maximum deux de votre souffrance délivrer Ceci veux Dieu

erwiderte der andere Halunke.
rétorquait le autre vaurien


Hierauf zog der saubere Doktor Rapunzia eines von seinen roten
Là-dessus tira le propre Docteur Rapunzia un de ses rouge

Päckchen aus der Tasche und verordnete dem Patienten, ein
petits paquets de la poche et prescrit à le patient une

Kügelchen daraus auf den bösen Zahn zu legen und herzhaft darauf
petite bille dessus sur la vilaine dent à poser et à pleines dents dessus

zu beißen. Jetzt streckten die Gäste an den andern Tischen die Köpfe
à mordre Maintenant étendèrent les convives à les autres tables les têtes

herüber, und einer nach dem andern kam herbei, um die Wunderkur
par ici et un après le autre venait par ici pour la cure miracle

mit anzusehen.
avec regarder

**Nun  könnt ihr euch vorstellen, was geschah.  Diese erste Probe half**
Maintenant pouvez vous vous    imaginer    quoi   arriva    Ce   premier  essai  aida

**zwar noch nicht;  vielmehr tat er einen entsetzlichen Schrei.  Das gefiel**
certes encore pas     plutôt    fit il   un    horrible       cri    Ceci  plut

**dem Doktor.  Der Schmerz, sagte er, sei jetzt gebrochen, und gab ihm**
le   docteur   La   douleur   disait il serait maintenant rompue   et  donna lui

**sogleich die zweite Pille zu gleichem Gebrauch.  Da war  nun  plötzlich**
aussitôt  la deuxième pillule pour  même     usage     Là  était maintenant soudain

**aller Schmerz verschwunden.  Der Patient sprang  vor Freuden auf,**
toute  douleur   disparue      Le   patient  sauta 1... de   joie      ...1

**wischte  den Angstschweiß von der Stirn weg,  obgleich keiner dran**
essuya 2... la  sueur de peur   de  le  front   ...2   bien que   aucune auprès

**war, und tat so,  als ob er seinem Retter zum  Dank    etwas**
était  et  fit ainsi comme si  il   son    sauveur  à le  remerciement quelque chose

**Beteutsames in die Hand drückte.**
significatif    dans la  main  enfonçait


**Der Streich war schlau angelegt und tat seine Wirkung.  Denn jeder**
La   farce   était  rusée   conçue    et   fit  son    effet     Car   chacun

**Anwesende wollte  nun   auch von diesen vortrefflichen Pillen haben.**
présent    voulait maintenant aussi de   ces      éminentes     pillules avoir

**Der Doktor bot  das Päckchen für 24 Kreuzer an, und in wenigen**
Le   docteur offrit 3... le  petit paquet pour 24  Kreuzer  ...3  et  en   peu

**Minuten waren alle verkauft.**
minutes  étaient tous vendus


**Natürlich gingen jetzt  die zwei Schelme wieder einer nach dem**
Naturellement allèrent maintenant les deux   fripons   à nouveau un    après   le

**anderen weiter, lachten,  als sie wieder zusammenkamen, über die**
autre   plus loin   riaient   lorsque ils à nouveau  arrivaient ensemble   sur   la

**Einfalt dieser  Leute und ließen sich's gut gehen von ihrem Geld. Das**
niaiserie [de] ces  personnes et laissèrent soi il bien aller   de  leur  argent  Ceci

**war teures Brot.  So wenig für 24 Kreuzer bekam man noch in keiner**
était cher  pain   Si  peu  pour 24  Kreuzer  reçut  on encore dans aucune

**Hungersnot. Aber der Geldverlust war nicht  das Schlimmste.**
famine     Mais  la  perte d'argent était  pas   le   plus grave

**Denn die Weichbrotkügelchen wurden natürlicherweise mit der Zeit**
Car   les   petites billes de pain mou  devenaient  naturellement   avec  le  temps

**steinhart.**
dures comme de la pierre

**Wenn   nun   so ein armer Betrogener nach Jahr und Tag Zahnweh**
Quand  maintenant ainsi un  pauvre   abusé    après année et  jour  mal de dents

**bekam und in gutem Vertrauen mit dem kranken Zahn einmal und**
reçut    et en  bonne  confiance  avec  la  malade  dent  une fois  et


35

zweimal darauf biss, da denke man an den entsetzlichen Schmerz, den
deux fois dessus mordit là pensait on à la épouvantable douleur que

er, statt geheilt zu werden, sich selbst bereitete. Für 24 Kreuzer aus
il à la place guérir à devenir soi même préparait Pour 24 Kreuzer de

der eigenen Tasche.
la propre poche

Daraus ist also zu lernen, wie leicht man betrogen werden kann, wenn
De cela est donc à apprendre comme aisé on abusé devenir peut quand

man den Vorspiegelungen jedes Landstreichers traut, den
on les préludes [de] chaque vagabond fait confiance que

man zum ersten Mal in seinem Leben sieht, und vorher nie und
on pour première fois dans sa vie voit et avant jamais et

nachher nie mehr; und mancher, der dies liest, wird vielleicht denken:
après jamais plus et plus d'un qui ceci lit ira peut-être penser

„So einfältig bin ich zu meinem eigenen Schaden auch schon
Ainsi naïf suis je à mon propre tort aussi déjà

gewesen." (Merke: Wer so etwas kann, der weiß an
été Prenez note : Qui quelque chose dans ce genre peut celui-ci sait à

anderen Orten Geld zu verdienen, der läuft nicht auf den Dörfern
autres endroits argent à gagner celui-ci court pas sur les villages

und Jahrmärkten herum mit Löchern im Strumpf oder mit einer
et marchés annuels autour de avec trous dans le bas ou avec une

weißen Schnalle am rechten Schuh und mit einer gelben am linken.)
blanche boucle à la droite chaussure et avec une jaune à la gauche

## Die Probe
Le essai

In einer ziemlich großen Stadt, wo nicht alle Leute einander kennen,
Dans une assez grande ville où pas tous gens les uns les autres connaissent

auch nicht alle Polizisten, ging ein neu angestellter Polizist in ein
aussi pas tous policiers alla un nouveau engagé policier dans une

verdächtiges Wirtshaus hinein und hatte einen braunen Mantel über
douteuse auberge dedans et avait un brun manteau par-dessus

die Uniform drübergezogen. Denn er dachte: Weil ich noch nicht
la uniforme passé par-dessus Car il pensait Puisque je encore pas

lange im Dienst bin, so kennt mich niemand, und niemand nimmt
longtemps en service suis ainsi connaît moi personne et personne prend

sich vor mir in Acht; vielleicht gibt's etwas zu fischen.
soi devant moi en garde peut-être il y a quelque chose à pêcher

Ein bejahrter Mann in bürgerlicher Kleidung folgt ihm nach und geht
Un âgé homme en bourgeois habillement suit lui après et va

36

**auch in das Wirtshaus. Der neue Polizist bestellt einen Schoppen; der**
aussi dans la   auberge   Le  nouveau policier  commande une   chope   le

**betagte Mann setzt sich an den gleichen Tisch und bestellt auch einen**
âgé   homme pose soi  à  la  même   table  et  commande aussi une

**Schoppen.**
chope

**An anderen Tischen saßen mehrere Leute und sprachen friedlich von**
A  autres   tables   assirent plusieurs personnes et  parlèrent calmement de

**allerlei, von dem Elefanten, von dem grossen Diebstahl, von den**
tout  de le  éléphant  de le  gros  vol   de les

**Kriegsoperationen. Einer zog mit dem Finger einen Strich aus Wein**
opérations de guerre  L'un  tira avec le  doigt  un  trait  de  vin

**über   den Tisch und sagte: "Zum Beispiel, dies wäre die Donau."**
a travers  la table et disait  Par  exemple ceci serait le  Danube

**Darauf legte er ein Stückchen Käserinde daneben und sagte: "Jetzt,**
Là-dessus posa il  un  petit morceau croûte de fromage à côté  et  disait Maintenant

**das wär' Ulm." Ein anderer, als er Ulm nennen hörte, sagte zu dem**
ceci serait Ulm  Un  autre  lorsque il [ville] prononcer entendait disait à le

**betagten Mann: "Ich bin von Ulm und habe dort Haus und Gewerbe.**
âgé   homme  Je suis de Ulm et  ai  là-bas maison et  profession

**Aber die alten Zeiten sind nicht mehr." Der betagte Mann sagte:**
Mais les vieux  temps  sont  pas  plus  Le  âgé  homme disait

**"Landsmann, Ulm ist überall, die guten Zeiten sind nirgends mehr",**
Compatriote  Ulm est partout  les  bons  temps  sont  nulle part  plus

**und fing an zu klagen über die Zeit und über die Abgaben und zu**
et commença à se lamenter sur  le  temps et  sur  les  taxes  et  à

**lästern über die Obrigkeit, wie es sich nicht gehört.**
blasphémer sur  les  autorités  comme il soi  pas  convient

**Da wurde der Polizist im braunen Überrock aufmerksam und stille**
Là devenait le  policier dans le  brun  pardessus  attentif  et  silencieux

**und sagte endlich: "Guter Freund, ich warne Euch." Der betagte**
et  disait enfin  Bon  ami  je préviens vous  Le  âgé

**Mann aber sagte: "Was habt Ihr mich zu warnen?" und trank ein Glas**
homme mais disait  Quoi avez vous moi  à  prévenir  et  buva 1... un verre

**voll Wein nach dem andern aus und schimpfte über die Obrigkeit nur**
plein vin  après le  autre  ...1 et  insultait  sur  les  autorités seulement

**noch schlimmer. Der verkleidete Polizist sagte: "Guter Freund, ich**
encore plus grave  Le  déguisé  policier disait  Bon  ami  je

**kenn' Euch nicht. Aber ich will Euch noch einmal gewarnt haben."**
connais vous  pas  Mais je veux vous encore une fois  prévenu  avoir

**Der Betagte erwiderte: "Warnen hin und warnen her! Was wahr ist,**
Le  âgé  rétorquait  Prévenir va  et  prévenir vient  Quoi vrai est

37

**muss man reden dürfen. Was bleibt einem noch übrig als die freie**
doit on parler pouvoir Quoi reste 2... on encore ...2 que le libre

**Rede?" Und so und so.**
discours Et ainsi et ainsi

**Da schlug der verkleidete Polizist den braunen Mantel zurück und**
Là rejeta 3... le costumé policier le brun manteau 3... et

**zeigte sich, wie er war, in einer hellgrauen Jacke mit roten Abzeichen**
montrait soi comment il était dans une gris clair veste avec rouge insigne

**und einem Band. "Jetzt, guter Freund", sagte er, "jetzt kommt mit**
et un lien Maintenant bon ami disait il maintenant venez avec

**mir!" Da stellte sich der Mann, als er an der Uniform den Polizisten**
moi Là livrait soi le homme lorsque il à la uniforme le policier

**erkannte, plötzlich wie umgewendet. "Guter Freund", sagte er, "Ihr**
reconnut subitement comme retourné Bon ami disait il Vous

**werdet doch meinen Spaß nicht für Ernst angesehen haben und nicht**
allez néanmoins mon divertissement pas pour sérieux regardé avoir et pas

Ihr werdet den Spass nicht für Ernst genommen haben = vous n'avez certainement pas pris le divertissement pour sérieux

**erst heute auf die Welt gekommen sein. Ich sehe schon",**
seulement aujourd'hui sur la terre venu être Je vois déjà

**sagte er, "wir müssen eine Flasche miteinander trinken, dass Ihr mich**
disait il nous devons une bouteille ensemble boire pour que vous moi

**besser kennen lernt", und bestellte noch eine Flasche und winkte der**
mieux connaître apprenez et commandait encore une bouteille et fit signe [a] la

**Wirtin: "Vom Guten."**
patronne De le bon

**Der Polizist aber sagte: "Ich habe keinen Wein mit Euch zu trinken",**
Le policier mais disait Je ai aucun vin avec vous à boire

**und fasste ihn oben am Arm, und fort zur Türe hinaus. Unterwegs**
et saisissait lui en-haut à le bras et loin à la porte dehors En chemin

**fuhr der Festgenommene fort zu reden: "Ihr meint zum Beispiel,**
continua 4... le arrêté ...4 à parler Vous pensez par exemple

**ich sei ein Feind von Abgaben, weil ich über die Abgaben geschimpft**
je serai un ennemi des taxes car je sur les taxes insulté

**habe. Aber nein, ich will Euch das Gegenteil beweisen, denn Ihr seid**
ai Mais non je veux vous le contraire prouver car vous êtes

**auch eine Amtsperson, und ich habe vor Leuten wie Euch Respekt."**
aussi un fonctionnaire et je ai devant personnes comme vous respect

**Dabei zog er einen Kronentaler aus der Tasche und wollte sich damit**
De plus tira il une couronne de Louis de la poche et voulait soi avec cela

**loskaufen. Aber der Polizist sagte: "Ihr habt mir keine Abgaben zu**
se racheter Mais le policier disait Vous avec moi pas taxes à

**bezahlen." Eine Gasse weiter fuhr der Festgenommene fort: "Ich**
payer Une ruelle plus loin continua 1... le arrêté ...1 Je

**wette, Ihr seid noch nicht verheiratet und habt für keine Frau, noch für**
parie vous êtes encore pas marié et avez pour aucune femme ni pour

**Kinder zu sorgen, weil Ihr keine Abgabe von mir braucht. Ich will**
enfants à subvenir car vous pas taxes de moi nécessitez Je veux

**Euch zu einem schönen Mädel führen." Der Polizist erwiderte: "Ihr**
vous à une jolie fille emmener Le policier rétorquait Vous

**habt mich zu keinem Mädel zu führen, aber ich Euch zu einem**
avez moi à aucune fille à emmener mais moi vous à un

**Mann."**
homme

**Als sie aber miteinander in den Polizeihof und vor den Herrn**
Lorsque ils mais ensemble dans la cour de la police et devant le monsieur

**Stadtvogt gekommen waren, fing der Stadtvogt an laut zu lachen,**
Prévôt arrivés étaient commença 2... le prévôt ...2 bruyamment à rire

**da er ein recht lustiger Mann ist, und sagte: "Welcher von Euch**
car il un réel joyeux homme est et disait Lequel de vous

**zweien bringt den anderen?" Denn es ist jetzt Zeit, dem lieben Leser**
deux apporte le autre Car il est maintenant temps à le cher lecteur

**zu sagen, dass der Festgenommene selber ein alter Polizeibeamter**
à dire que le arrêté lui-même un ancien agent de police

**war. Er hatte sich verkleidet und war dem Neuen nachgegangen, nur**
était Il avait soi déguisé et avait le nouveau suivi seulement

**um ihn zu prüfen, ob er seine Pflicht tut. Deswegen sagte der**
pour lui à tester si il son devoir fait Pour cela disait le

**Stadtvogt: "Welcher von Euch zweien bringt den andern?" Der junge**
prévôt Lequel de vous deux apporte le autre Le jeune

**Polizist wollte anfangen, der alte aber, der vermeintliche**
policier voulait commencer le ancien mais le présumé

**Festgenommene, schaute ihn gebieterisch an und sagte: "Jetzt rede**
arrêté regardait 1... lui autoritairement ...1 et disait Maintenant parle

**ich zuerst, ich bin älter im Dienst.**
je d'abord je suis plus ancien dans le service

**Euer Gnaden, Herr Stadtvogt", sagte er, "dieser junge Mann ist**
Votre Grâce Monsieur prévôt disait il ce jeune homme est

**erprobt, und wir können uns verlassen auf ihn; denn er hat mich**
chevronné et nous pouvons faire confiance sur lui car il a moi

**gewissenhaft festgenommen und hat sich nicht von mir bestechen**
scrupuleusement arrêté et a soi pas de moi acheter

**oder breitschlagen lassen, weder mit Wein, noch mit Geld, noch mit**
ou baratiner laissé ni avec vin ni avec argent ni avec

**Weibern." Da lächelte der Stadtvogt gar freundlich. Übrigens, an**
femmes faciles Là souriait le prévôt même amicalement D'ailleurs à

einem solchen Ort   mag es nicht gut sein, ein Spitzbube zu sein, wo
*un   tel   lieu aimerait il   pas   bien être   un   galopin   à   être   où*

sogar ein Polizist dem andern nicht trauen   darf. Diese Geschichte hat
*même   un   policier   le   autre   pas   confiance faire peut Cette   histoire   a*

mir der Jüngere der beiden erzählt. Er ist jetzt   in Dresden und er hat
*moi le   plus jeune des   deux   raconté Il est maintenant à [ville]   et   il   a*

mir zum Andenken einen schönen Pfeifenkopf aus Dresden geschickt.
*moi pour   souvenir   une   jolie   tête de pipe   de Dresde   envoyé*

Ein flotter Bub ist darauf und ein entzückendes Mädchen und sie
*Un dégourdi gamin est dessus   et une   ravissante   fille   et ils*

machen etwas miteinander.
*font   quelque chose ensemble*


## Franziska
*Francisca*


In einem unscheinbaren Dörfchen am Rhein saß eines Abends, als es
*Dans un   insignifiant   petit village   à le Rhin   assit un   soir   lorsque il*

schon dunkeln wollte, ein armer junger Mann, ein Weber, noch an
*déjà   sombre   devenait un   pauvre jeune   homme   un tisserand   encore à*

dem Webstuhl und dachte während der Arbeit unter anderem an den
*le   métier à tisser   et   pensait   durant   le   travail   entre   autre   à le*

König Hiskias, hernach an Vater und Mutter, deren Lebensfaden
*roi   Hiskias,   puis   à père   et   mère   dont   fil de vie*

auch schon von der Spule abgelaufen war, danach an den seligen
*aussi déjà   de la bobine   défilé   était   après   à le bienheureux*

Großvater, dem er einst auch noch auf den Knien gesessen hatte und
*grand-père   que il jadis aussi encore sur les genoux   assis   était   et*

an das Grab gefolgt war, und war so vertieft in seinen Gedanken und
*à la tombe   suivit était et   était si plongé dans sa   pensée   et*

in seine Arbeit, dass er gar nichts davon merkte, wie   eine schöne
*dans son travail   que il pas du tout   de là remarquait comment une   jolie*

Kutsche mit vier stattlichen Schimmeln   vor seinem Häuschen anfuhr
*calèche   avec quatre magnifiques   chevaux blancs devant sa   petite maison   arriva*

und anhielt.
*et   arrêta*


Als aber etwas   an der Türfalle drückte, und ein holdes, jugendliches
*Quand mais quelque chose à la poignée de porte poussa   et une tendre   jeune*

Wesen trat herein von weiblichem Aussehen mit wallenden, schönen
*créature   entra   de   féminine   apparence avec ondulantes belles*

Haarlocken   und in einem langen, himmelblauen Gewand, und das
*boucles de cheveux et dans un   long   bleu ciel   costume   et la*

**freundliche Wesen fragte ihn mit mildem Ton und Blick: "Kennst du**
aimable créature demanda lui avec doux ton et regard Connais tu

**mich, Heinrich?" da war es, als ob er plötzlich aus einem tiefen Schlaf**
moi Heinrich là était il comme si il subitement de un profond sommeil

**aufwache, und war so erschrocken, dass er nichts reden konnte. Denn**
réveilla et était si effrayé que il rien parler pouvait Car

**er meinte, es sei ihm ein Engel erschienen, und es war auch so etwas**
il pensait il serait lui un ange apparut et il était aussi quelque chose

**von der Art, nämlich seine Schwester Franziska, und sie lebte noch!**
de le genre à savoir sa sœur Francisca et elle vivait encore

**Einst hatten sie manches Körbchen voll Holz barfuß miteinander**
Jadis avaient ils plus d'une corbeille pleine bois pieds nus ensemble

**aufgelesen, manches Binsenkörbchen voll Erdbeeren am Sonntag**
ramassé plus d'une corbeille tressée pleine fraises le dimanche

**miteinander gepflückt und in die Stadt getragen und auf dem**
ensemble cueilli et dans la ville porté et sur le

**Heimweg ein Stücklein Brot miteinander gegessen, und jeder aß**
chemin un petit morceau pain ensemble mangé et chacun mangea

**weniger davon, damit der andere genug bekäme. Als aber nach des**
moins de là afin que le autre assez recevrait Lorsque mais après de la

**Vaters Tod die Armut und das Handwerk die Brüder aus der**
père mort la pauvreté et le artisanat les frères de le

**elterlichen Hütte in die Fremde geführt hatte, blieb Franziska allein**
parentale refuge dans les pays lointains conduit avait resta 1... Francisca seule

**bei der alten, gebrechlichen Mutter zurück und pflegte sie, so dass sie**
chez la vieille frêle maman ...1 et soigna elle ainsi elle

**ihre Mutter von dem kärglichen Verdienst ernährte, den sie in einer**
sa maman de le maigre produit alimentait que elle dans une

**Spinnfabrik erwarb. Und in den langen, schlaflosen Nächten wachte**
filature gagna Et dans les longues sans sommeil nuits veilla

**sie mit ihr und las aus einem alten, zerrissenen Buch über Holland,**
elle avec elle et lut de un vieux déchiré livre sur Hollande

**von den schönen Häusern, von den großen Schiffen, von der**
de les belles maisons de les grands bateaux de la

**grausamen Seeschlacht bei Doggersbank, und ertrug das Alter und die**
cruelle bataille navale près Doggersbank et endura le âge et la

**Wunderlichkeit der kranken Frau mit kindlicher Geduld.**
bizarrerie de la malade femme avec enfantine patience

**Einmal aber, früh um zwei Uhr, sagte die Mutter: "Bete mit mir,**
Une fois mais tôt à deux heures disait la maman Prie avec moi

**meine Tochter! Diese Nacht hat für mich keinen Morgen mehr auf**
ma fille Cette nuit a pour moi pas de matin plus sur

41

**dieser Welt."** Da betete und schluchzte und küsste das arme Kind die
cette terre Là pria et sanglota et embrassa la pauvre enfant la

**sterbende Mutter, und die Mutter sagte: "Gott segne dich und " –**
mourante maman et la maman disait Dieu bénit toi et

**und nahm die letzte Hälfte ihres Muttersegens "und belohne dich für**
et prit la dernière moitié sienne bénédiction maternelle et récompense toi pour

**all deine Mutterliebe!" – mit sich in die Ewigkeit. Als aber die Mutter**
tout ton amour maternel avec soi dans la éternité Lorsque mais la maman

**begraben und Franziska in das leere Haus zurückgekommen war und**
enterrée et Francisca dans la vide maison retourné arrivée était et

**betete und weinte und dachte, was jetzt aus ihr werden sollte, sagte**
priait et pleurait et pensait quoi maintenant de elle devenir devait disait

**etwas in ihrem Inneren zu ihr: "Geh nach Holland!" Und ihr Haupt**
quelque chose dans son moi profond à elle Va vers Hollande Et sa tête

**und ihr Blick richtete sich langsam und sinnend empor, und die letzte**
et son regard orientait soi lentement et sensé en-haut et la dernière

**Träne für diesmal blieb ihr in dem blauen Auge stehen.**
larme pour cette fois resta 2... lui dans le bleu oeil ...2


**Als sie von Dorf zu Stadt und von Stadt zu Dorf betend und bettelnd**
Lorsque elle de village en ville et de ville en village priant et mendiant

**und Gott vertrauend nach Holland gekommen war und so viel**
et Dieu confiant vers Hollande arrivée était et si beaucoup

**ersammelt hatte, dass sie sich ein sauberes Kleidchen kaufen konnte,**
rassemblé avait que elle soi une propre petite robe acheter pouvait

**in Rotterdam, als sie einsam und verlassen durch die wimmelnden**
à Rotterdam lorsque elle seule et abandonnée à travers les fourmillantes

**Strassen wandelte, sagte wieder etwas in ihrem Inneren: "Geh**
rues déambulait disait de nouveau quelque chose dans son fort intérieur Va

**in jenes Haus dort mit den vergoldeten Gittern am Fenster! "Als sie**
dans cette maison là avec les dorés barreaux à la fenêtre Lorsque elle

**aber durch den Hausgang an der Marmortreppe vorbei in den Hof**
mais à travers le couloir à le escalier en marbre passé dans la cour

**gekommen war, denn sie hoffte, zuerst jemand anzutreffen, ehe sie an**
arrivée était car elle espérait en premier quelqu'un à rencontrer avant que elle à

**einer Stubentüre anklopfte, da stand eine betagte, freundliche Frau**
une porte de salon toqua là se tenait une âgée aimable femme

**von vornehmem Aussehen in dem Hofe und fütterte das Geflügel, die**
de distinguée apparence dans la cour et nourrissait la volaille les

**Hühner, die Tauben und die Pfauen.**
poules les pigeons et les paons

**"Was willst du hier, mein Kind?" Franziska fasste sich ein Herz und**
Quoi veux tu ici mon enfant Francisca prenait soi un cœur et

Sich ein Herz fassen = prendre son courage à deux mains

**erzählte der vornehmen, freundlichen Frau ihre ganze Geschichte:**
racontait à distinguée aimable femme sa entière histoire

**"Ich bin auch ein armes Hühnchen, das Eures Brotes bedarf", sagte**
Je suis aussi une pauvre petite poule qui votre pain a besoin disait

**Franziska und bat sie um eine Anstellung im Haus. Die Frau gewann**
Francisca et pria elle pour un emploi dans la maison La femme gagna

**Zutrauen zu der Bescheidenheit und Unschuld und zu dem nassen**
confiance à la modestie et innocence et à le mouillé

**Auge des Mädchens und sagte: "Sei zufrieden, mein Kind! Gott wird**
oeil de la fillette et disait Sois tranquile mon enfant Dieu va

**dir den Segen deiner Mutter nicht schuldig bleiben. Ich will dir Dienst**
toi la bénédiction de ta maman pas redevable rester Je veux toi emploi

**geben und für dich sorgen, wenn du brav bist." Denn die Frau dachte:**
donner et pour toi subvenir si tu brave es Car la femme pensait

**Wer kann wissen, ob nicht der liebe Gott mich bestimmt hat, den**
Qui peut savoir si pas le bon Dieu moi choisit a la

**Segen der sterbenden Mutter zu erfüllen. Sie war die Witwe eines**
bénédiction de la mourante maman à remplir Elle était la veuve d'un

**reichen Rotterdamer Kaufmanns, von Geburt aber eine Engländerin.**
riche de Rotterdam commerçant de naissance mais une Anglaise

**Also wurde Franziska zuerst Hausmagd, und als sie sich als gut und**
Alors devint Francisca en premier bonne et lorsque elle soi comme bonne et

**treu erwies wurde sie Stubenmagd, und ihre Gebieterin gewann sie**
loyale montrait devenait elle femme de chambre et sa dirigeante gagna elle

**lieb, und als sie immer feiner und verständiger wurde, wurde sie**
aimé et lorsque elle toujours plus fine et plus raisonnable devenait devenait elle

**Kammerdienerin. Aber jetzt ist sie noch nicht alles, was sie wird.**
valet de chambre Mais maintenant est elle encore pas tout quoi elle devient

**Im Frühling, als die Rosen blühten, kam aus Genua ein Vetter der**
Au printemps lorsque les roses fleurissent venait de Gênes un cousin de la

**vornehmen Frau, ein junger Engländer, zu ihr auf Besuch nach**
distinguée femme un jeune Anglais à elle en visite vers

**Rotterdam. Er besuchte sie fast alle Jahre um diese Zeit, und als sie**
Rotterdam Il visitait elle presque toutes années à cette période et lorsque elle

**über Dies und Jenes redeten und der Vetter erzählte, wie es aussah, als**
sur ceci et cela parlaient et le cousin racontait comme il avait l'air lorsque

**die Franzosen vor Genua in dem engen Pass in der Bocchetta standen**
les Français devant Gêne dans le étroit chenal dans La Bocchetta se trouvaient

**und die Österreicher davor, trat heiter und lächelnd, mit allen Reizen**
et les Autrichiens devant entra alerte et souriante avec tous attraits

43

der Jugend und Unschuld geschmückt, Franziska in das Zimmer, um
de jeunesse et innocence parée Fransisca dans le pièce pour

etwas aufzuräumen oder zurechtzulegen, und dem jungen
quelque chose à ranger ou remettre en ordre et à le jeune

Engländer, als er sie erblickte, wurde es sonderbar um das Herz, und
Anglais lorsque il elle aperçut devenait il singulier vers le cœur et

die Franzosen und Österreicher verschwanden ihm aus den Sinnen.
les Français et Autrichiens disparurent lui de les sens


"Tante", sagte er, "Ihr habt ein bildschönes Mädchen als Dienerin.
Tante disait il Vous avez une ravissante jeune fille comme servante

Es ist schade, dass sie nicht mehr ist als das." Die Tante sagte: "Sie
Il est dommage que elle pas plus est que cela La tante disait Elle

ist eine arme Waise aus Deutschland. Sie ist nicht nur schön, sondern
est une pauvre orpheline de Allemagne Elle est pas seulement belle mais

auch verständig, und nicht nur verständig, sondern auch fromm und
aussi sensée et pas seulement sensée mais aussi pieuse et

tugendhaft und ist mir lieb geworden als wäre sie mein Kind." Der
vertueuse et est moi aimée devenue comme serait elle mon enfant Le

Vetter dachte: Das hört sich gut an. Den nächsten oder dritten Morgen
cousin pensait Ca entend 1... soi bien ...1 Le prochain ou troisième matin

aber, als er mit der Tante in dem Garten spazierte: "Wie gefällt dir
mais lorsque il avec la tante dans le jardin se promenait Comment plait toi

dieser Rosenstock?" fragte die Tante; der Vetter sagte: "Sie ist schön,
ce rosier demandait la tante le cousin disait Elle est belle

sehr schön." Die Tante sagte: "Vetter, du redest wirr. Wer ist schön?
très belle La tante disait Cousin tu parles confusément Qui est beau

Ich frage ja nach dem Rosenstock." Der Vetter erwiderte: " Die
Je demande bien sur le rosier Le cousin rétorquait La

Rose",—"oder vielmehr die Franziska?" fragte die Tante. "Ich hab's
rose ou plutôt la Francisca demandait la tante Je ai il

schon gemerkt", sagte sie. Der Vetter gestand ihr seine Liebe zu dem
déjà remarqué disait elle Le cousin avoua elle son amour à la

Mädchen, und dass er sie heiraten möchte. Die Tante sagte: "Vetter,
fille et que il elle marier voulait La tante disait Cousin

du bleibst noch drei Wochen bei mir. Wenn es dir dann immer noch
tu restes encore trois semaines chez moi Si il toi à ce moment encore

so ist, habe ich nichts dagegen. Das Mädchen ist einen braven
ainsi est ai je rien contre La fille est un brave

Mann wert."
mari digne

Nach drei Wochen sagte er: "Es ist mir nicht mehr so wie vor
Après trois semaines disait il Il est moi pas plus ainsi comme avant

44

**drei Wochen. Es ist noch viel heftiger, und ohne das Mädchen weiß**
trois semaines  Il est encore plus  violent  et  sans  la  fille  sais

**ich nicht, wie ich leben soll." Also geschah es. Aber es gehörte viel**
je  pas  comme je  vivre  doit  Ainsi  arriva  il  Mais il  appartenait beaucoup

**Zureden dazu, die demütige, fromme Magd zu ihrer Einwilligung zu**
sermonner  avec  la  humble  pieuse domestique à  son  consentement  à

**bewegen. Jetzt blieb sie noch ein Jahr bei ihrer bisherigen Gebieterin,**
faire bouger Maintenant resta  elle encore  un  an  chez  sa  jusque ici  dirigeante

**aber nicht mehr als Kammermädchen, sondern als Freundin und**
mais  pas  plus comme  femme de chambre  mais  comme  amie  et

**Verwandte in dem reichen Haus mit vergoldetem Fenstergitter, und**
parente  dans la  riche  maison avec  dorées  grilles de fenêtre  et

**noch in dieser Zeit lernte sie die englische Sprache, die französische,**
encore dans ce  temps apprit  elle  la  anglaise  langue  la  française

**das Klavierspielen: "Wenn wir in höchsten Nöten sein" usw. "Der**
le  piano  Lorsque nous dans plus hauts  périls  être  etc...  Le

**Herr, der aller Enden" usw. "Auf dich, mein lieber Gott, ich traue"**
Seigneur de toutes  fins  etc.  Sur  toi  mon  cher Seigneur je fais confiance

**usw. Und was sonst noch ein Kammermädchen nicht zu wissen**
etc.  Et  quoi à part cela encore une  femme de chambre  pas  à  savoir

**braucht, aber eine vornehme Frau, das lernte sie alles.**
nécessite  mais  une  distinguée  femme ceci apprit  elle tout


**Nach einem Jahr kam der Bräutigam, noch ein paar Wochen vorher,**
Après  un  an  vint  le  marié  encore une  paire  semaines  avant

**und die Trauung geschah in dem Hause der Tante. Als aber von der**
et  le  mariage  eut lieu  dans la  maison  de la  tante Lorsque mais  de  le

**Abreise des neuen Ehepaars die Rede war, schaute die junge Frau**
départ  du  nouveau  couple  la  parole  était  regardait 1...  la  jeune  femme

**ihren Gemahl bittend an, dass sie noch einmal in ihrer armen Heimat**
son  mari  suppliant  ...1  que  elle encore  une fois dans son  pauvre  pays natal

**einkehren und das Grab ihrer Mutter besuchen und ihr danken**
rentrer  et  la  tombe de sa  maman  visiter  et  la  remercier

**möchte, und dass sie ihre Geschwister und Freunde noch einmal**
aimerait  et  que  elle sa  fratrie  et  amis  encore une fois

**sehen möchte.**
voir  aimerait

**Also kam sie jenen Tage bei ihrem armen Bruder, dem Weber, an,**
Ainsi arriva 2...  elle ces  jours chez son  pauvre  frère  le  tisserand  ...2

**und als er ihr auf ihre Frage: "Kennst du mich, Heinrich?" keine**
et  lorsque il  lui  sur  sa  question  Connais  tu  moi  Heinrich  pas

**Antwort gab, sagte sie: "Ich bin Franziska, deine Schwester." Da ließ**
réponse  donna  disait elle  Je  suis  Francisca  ta  sœur  Là  laissa

45

er vor Schreck das Webschifflein aus den Händen fallen, und seine
il de effroi la navette de les mains tomber et sa

Schwester umarmte ihn. Aber er konnte sich anfänglich nicht recht
sœur enlaça lui Mais il pouvait soi initialement pas réellement

freuen, weil sie so vornehm geworden war, und scheute sich vor dem
se réjouir car elle si distinguée devenue était et redoutait soi devant le

fremden Herrn, ihrem Gemahl, dass sich in seiner Gegenwart die
étranger monsieur son époux que soi dans sa présence la

Armut und der Reichtum so brüderlich umarmen und zueinander Du
pauvreté et la richesse si fraternellement enlacer et ensemble tu

sagen sollen. Bis er sah, dass sie mit dem Gewand der Armut nicht die
dire doivent Jusque il vit que elle avec le costume de pauvreté pas la

Demut ausgezogen hatte. Und nur ihren Stand verändert hatte, nicht
humilité deshabillé avait Et uniquement son état changé avait pas

ihr Herz.
son cœur


Nach einigen Tagen aber, als sie alle ihre Verwandten und Bekannten
Après quelques jours mais lorsque elle tous ses parents et connaissances

besucht hatte, reiste sie mit ihrem Gemahl nach Genua, und beide
visité avait voyageait elle avec son époux vers Gênes et tous deux

leben vermutlich noch dort. Ich will aufrichtig gestehen, was mich
vivent vraisemblablement encore là-bas Je veux sincèrement avouer quoi moi

selber an dieser Geschichte am meisten rührt. Am meisten rührt mich,
même à cette histoire le plus touche Le plus touche moi

dass der liebe Gott dabei war, als die sterbende Mutter ihre Tochter
que le bon Dieu avec était lorsque la mourante maman sa fille

segnete, und dass er eine vornehme Kaufmannsfrau in Rotterdam in
bénissait et que il une distinguée femme de marchand à Rotterdam en

Holland und einen braven Engländer bestellt hat, den Segen einer
Hollande et un brave Anglais commandé a la bénédiction d'une

armen sterbenden Witwe an ihrem frommen Kinde zu erfüllen.
pauvre mourante veuve a son pieux enfant à combler


## Mittel gegen Zank und Schläge
Moyen contre disputes et coups


Zwei Eheleute, nicht weit von Segringen lebten miteinander in
Deux conjoints non loin de Segringen vivaient ensemble en

Liebe, davon abgesehen, dass sie bisweilen einen kleinen Wortwechsel
amour de là mis à part que ils de temps à autre une petite dispute

bekamen, wenn der Mann einen Rausch hatte. Dann gab ein Wort das
recevaient lorsque le homme une ivresse avait Alors donna un mot le

46

andere. Das letzte aber gab gewöhnlich blaue Flecke. Zum Beispiel:
autre   Le   dernier mais donna habituellement bleues taches   Par   exemple

"Frau", sagte der Mann, "die Suppe ist wieder nicht genug gesalzen,
Femme   disait   le   homme   la   soupe est de nouveau pas   assez   salée

und ich hab' dir's doch schon so oft gesagt." Die Frau sagt: "Mir ist
et   je   ai   toi il mais   déjà si souvent   dit   La femme dit   Moi est

sie so eben recht." Der Mann bekommt etwas Röte im Gesicht. "Du
elle   ainsi   bonne   Le   homme   reçoit   un peu rougeur dans le visage   Toi

unverständiges Maul, ist das eine Antwort einer Frau gegen ihren
malavisée   gueule est ceci une   réponse   d'une femme envers son

Mann? Soll ich mich nach dir richten?" Die Frau erwidert: "Draußen
homme   Dois je   moi   après toi   orienter   La femme rétorque   Dehors

in der Küche ist das Salzfass. Das nächste Mal koch' dir selber, oder
dans la cuisine est le tonneau de sel La prochaine fois cuisines toi-même   ou

sieh, wer dir kocht." Der Mann wird flammenrot und wirft der Frau
regarde qui toi cuisine   Le homme devient rouge flamboyant et   envoie la femme

die Suppe samt dem Teller vor die Füße. "Da, friss den Fraß selber!"
la soupe   avec   la   assiette devant les pieds   Là   mange la mangeaille toi-même

Jetzt läuft es bei der Frau an, wie wenn man bei der Mühle den
Maintenant court 1... il chez la femme ...1 comme lorsque on chez le moulin la

Wasserzulauf öffnet und das Wasser fließt los und alle Mühlräder
arrivée d'eau   ouvre   et   la   eau   coule   et   toutes roues du moulin

laufen an, und sie überschüttet ihn mit Beleidigungen und
démarrent   et   elle   déverse   lui   avec   camouflets   et

Schimpfnamen, die kein Mann gern hört, am wenigsten von einer
injures   que aucun homme avec plaisir entend   le moins   de   une

Frau, am allerwenigsten von seiner eigenen. Der Mann aber sagt: "Ich
femme   la moindre des choses   de   sa   propre   Le homme mais dit   Je

seh' schon, ich muss dir den Rücken wieder ein wenig blau
vois   déjà   je   dois toi le   dos   à nouveau un   peu   bleu

anstreichen mit dem großen Weidenruten-Pinsel."
peindre   avec   le   grand   pinceau en canne de saule

Solcher Liebkosungen endlich müde, ging die Frau zum Pfarrer und
Pareils   cajoleries   enfin   fatiguée   alla   la femme chez   curé   et

klagte ihm ihre Not. Der Herr Pfarrer, der ein feiner und kluger junger
plaignait lui son péril Le monsieur curé   qui un   fin   et intelligent jeune

Mann war, merkte bald, dass die Frau durch Widersprechen und
homme était remarquait bientôt que la femme au moyen de   répliques   et

Schimpfen gegen ihren Mann selber schuld an ihren Misshandlungen
insultes   contre   son   homme soi-même faute à   ses   sévices

war.
était

"Hat Euch mein seliger Vorfahr' nie von dem geweihten Wasser
A vous mon béat ascendant jamais de la bénie eau

gegeben?" sagte er. "Kommt in einer Stunde wieder zu mir!"
donné disait il Venez dans une heure à nouveau à moi

Unterdessen goss er reines, frisches Brunnenwasser in ein Fläschlein,
Dans l'intervalle coula il pure fraîche eau de fontaine dans une petite bouteille

versüßte es mit Zucker und ließ ein Tröpfchen Rosenöl hinein
sucra elle avec sucre et laissa une petite goutte huile de rose dedans

träufeln, dass es einen lieblichen Geruch annahm. "Dieses
instiller que il une charmante odeur prit Cette

Fläschlein", sagte er zu ihr, "müsst Ihr in Zukunft immer bei Euch
petite bouteille disait il à elle devez vous à l'avenir toujours auprès vous

tragen, und wenn Euer Mann wieder aus dem Wirtshaus kommt und
porter et quand votre mari à nouveau de la auberge arrive et

will Euch Vorwürfe machen, so nehmt einen Schluck davon und
veut vous reproches faire ainsi prenez une gorgée de là et

behaltet ihn im Mund, bis er wieder zufrieden ist. Dann wird seine
gardez la dans la bouche jusque il à nouveau content est Alors vient sa

Wunderlichkeit nie mehr in Zorn ausbrechen, und er wird Euch keine
singularité plus jamais en colère se déclarer et il vient vous pas

Schläge mehr geben können." Die Frau befolgte den Rat; das
coups plus donner pouvoir La femme suivait le conseil la

geweihte Wasser bewährte sich, und die Nachbarsleute sagten oft
bénie eau fit ses preuves et les voisins disaient souvent

zu einander: "Unsere Nachbarn sind ganz anders geworden. Man hört
les uns aux autres Nos voisins sont tout autrement devenus On entend

nichts mehr."
rien plus

## Mohammed
Mohammed

Dem Mohammed wollten es anfänglich nicht alle glauben, dass er ein
A le Mohammed voulaient il au début pas tous croire que il un

Prophet sei, weil er noch kein Wunder getan hatte wie Elias. Dazu
prophète serait car il encore pas miracle fait avait comme Elias A cela

sagte Mohammed ganz gleichgültig, wie einer, der eine Pfeife Tabak
disait Mohammed tout indifférent comme un qui une pipe tabac

raucht und etwas dazu redet, "das Wunder", sagte er, "macht den
fume et quelque chose de plus parle le miracle disait il fait le

Propheten noch nicht. Wenn ihr' s aber verlangt, so werden ich
prophète encore pas Si vous il mais demandez ainsi seront moi

und jener Berg dort in kurzer Zeit beieinander sein." Dabei deutete er
et cette montagne là-bas en court temps ensemble être Avec cela montra il

**auf einen Berg, der etwa eine Stunde weit entfernt war, und rief ihm**
sur une montagne que environ une heure lointain éloignée était et cria elle

**mit gebietender Stimme, dass der Berg sich soll von seiner Stätte**
avec impérieuse voix que la montagne soi doit de son emplacement

**erheben und zu ihm kommen.**
élever et à lui venir

**Als aber dieser keine Bewegung machen und keine Antwort geben**
Lorsque mais celle-ci pas de mouvement faire et pas de réponse donner

**wollte – keine Antwort ist auch eine Antwort – so ergriff Mohammed**
voulait pas de réponse est aussi une réponse ainsi saisit Mohammed

**sanftmütig seinen Stab und ging zum Berg, womit er ein**
bienveillant son bâton et alla à la montagne avec quoi il un

**denkwürdiges und nachahmungswertes Beispiel gab – auch für**
mémorable et à suivre exemple donna aussi pour

**solche Leute, die keine Propheten sein wollen. Nämlich, dass man**
telles personnes qui pas de prophète être veulent A savoir que on

**dasjenige, was man selbst tun kann, nicht von einem wunderbaren**
ce quoi on soi-même faire peut pas de un merveilleux

**Ereignis oder von Zeit und Glück oder von andern Menschen**
événement ou de temps et chance ou de autres personnes

**verlangen soll.**
demander doit

**Z.B. hast du etwas Notwendiges und Wichtiges mit jemandem zu**
Par ex. as tu quelque chose nécessaire et important avec quelqu'un à

**reden, so warte nicht, bis er zu dir kommt. Viel schneller und**
parler ainsi attends pas jusqu'à il à toi vient Beaucoup plus vite et

**vernünftiger gehst du zu ihm. Ein hübscher Kirschbaum im Garten**
sagement vas tu à lui Un joli cerisier dans le jardin

**wäre eine schöne Sache. Das Plätzchen eignet sich dazu. Warte nicht,**
serait une belle chose La petite place approprie 1... soi ...1 Attends pas

**bis er von selber wächst, sondern setze einen!**
jusque il de lui-même pousse mais plante un

**Ferner, ein Abwassergraben, ein guter Weg durch das Dorf,**
De plus un fossé un bon chemin à travers le village

**wenigstens ein trockener Fußweg, ein Geländer am Wasser oder an**
au moins un sec sentier un terrain à la eau ou à

**einem schmalen Steg, damit die Kinder nicht hineinfallen, kommt viel**
un étroit sentier afin que les enfants pas tombent dedans vient beaucoup

**eher zustande, wenn man ihn macht, als wenn man ihn nicht macht.**
plutôt réalisé si on lui fait comme si on lui pas fait

**Man sollte nicht glauben, dass es Leute gibt, denen ein arabischer**
On devrait pas croire que [---] personnes existent auxquelles un arabe

Prophet oder ein Kalenderschreiber so etwas erklären muss.
prophète ou un écrivain de calendrier quelque chose dans ce genre expliquer doit

Selbst der Kalenderschreiber, der doch einem Propheten nicht viel
Même le écrivain de calendrier qui néanmoins un prophète pas beaucoup

nachsteht, – es ließe sich noch ein Wort mehr sagen, – verlangt
suit il laisserait soi encore un mot plus dire exige

nicht, dass das alte Jahr fortdauern soll, bis der neue Kalender fertig
pas que la vieille année perdurer doit jusqu'à le nouveau calendrier terminé

ist, sondern er schreibt den neuen, wenn das alte noch andauert.
est mais il écrit le nouveau lorsque la vieille encore persiste


## Moses Mendelssohn
Moses Mendelssohn


Moses Mendelssohn war jüdischer Religion und Angestellter bei
Moses Mendelssohn était [de] juive religion et employé chez

einem Kaufmann, der offenbar das Schießpulver nicht erfunden hat.
un commerçant qui apparemment la poudre à canon pas inventé a

Dabei war er aber ein sehr frommer und weiser Mann und wurde
Avec cela était il mais un très pieux et sage homme et devenait

daher von den angesehensten Männern hochgeachtet und
par conséquent de les plus renommés hommes hautement estimé et

geliebt. Und das ist recht. Denn man muss wegen des Bartes
aimé Et ceci est bien Car on doit pour la barbe

den Kopf nicht verachten, an dem er wächst.
la tête pas mépriser à laquelle elle pousse


Dieser Moses Mendelssohn gab unter anderem von der Zufriedenheit
Ce Moses Mendelssohn donna entre autre de la satisfaction

mit seinem Schicksal folgenden Beweis. Als eines Tages ein Freund
avec son destin suivante preuve Lorsque un jour un ami

zu ihm kam und er eben an einer schweren Rechnung schwitzte, sagte
à lui venait et il juste à une difficile facture transpirait disait

dieser: "Es ist doch schade, guter Moses, und ist unverantwortlich,
celui-ci Il est si dommage bon Moses et est irresponsable

dass ein so verständiger Kopf, wie Ihr seid, einem Mann dienen muss,
que une si raisonnable tête comme vous êtes un homme servir doit

der Euch das Wasser nicht reichen kann. Seid Ihr nicht am kleinen
qui vous la eau pas donner peut Etes vous pas au petit

Finger klüger, als er am ganzen Körper?" Einem Anderen hätte das
doigt plus sensé que il à le entier corps [à] un autre aurait ceci

im Kopf gewurmt; er hätte Feder und Tintenfass mit ein paar Flüchen
dans la tête rongé il aurait plume et encrier avec une paire jurons

hinter den Ofen geworfen und seinem Herrn gekündigt, sofort.
derrière le fourneau lancé et son patron démissionné tout de suite

Aber der verständige Mendelssohn ließ das Tintenfass stehen, steckte
Mais le raisonnable Mendelssohn laissa le encrier sur place coinça

die Feder hinter das Ohr, sah seinen Freund ruhig an und sprach zu
la plume derrière la oreille regarda 1... son ami tranquillement ...1 et parla à

ihm: "Das ist recht gut, so wie es ist, und vom Schicksal weise
lui Ceci est bien bon comme il est et de le destin sensé

ausgedacht. Denn so kann mein Herr von meinen Diensten viel
imaginé Car ainsi peut mon patron de mes services beaucoup

Nutzen ziehen und ich habe zu leben. Wäre ich der Herr und er mein
intérêt tirer et moi ai à vivre Serait moi le patron et il mon

Schreiber, ihn könnte ich nicht brauchen."
écrivain lui pourrait je pas avoir besoin

## Rettung vor dem Galgen
Sauvetage de la potence

Eines Tages sagte zu sich selbst ein einfältiger Mensch: "Dumm bin
Un jour disait à soi-même une naïve personne Bête suis

ich; wenn ich nun pfiffige Streiche spiele, so wird kein Mensch
je si je maintenant rusés tours joue ainsi va aucune personne

vermuten, dass ich es bin." Also befasste er sich mit Diebstahl. Aber
se douter que je il suis Alors occupait il soi avec vol Mais

schon nach dem ersten Diebstahl wurde er als Täter entdeckt und
déjà après le premier vol était il comme coupable découvert et

festgenommen, weil er die goldene Uhr, die er gestohlen hatte, selber
arrêté car il la dorée montre qui il volée avait soi-même

trug und alle Augenblicke herauszog.
porta et tous instants sortit

Einige Ratsherren meinten, man könnte wegen seiner Einfalt etwas
Certains conseillers municipaux pensaient on pourrait à cause sa niaiserie un peu

milder mit ihm verfahren als mit anderen und ihn für ein Jahr oder so
plus doux avec lui procéder que avec autres et lui pour un an ou ainsi

ins Gefängnis schicken. "So?" sagten die Anderen, "ist es nicht
en prison envoyer Ainsi disaient les autres est il pas

genug, dass so viele schlaue Halunken das saubere Handwerk
assez que si nombreux rusés vauriens le propre artisanat

treiben? Soll man für die dummen auch noch Prämien aussetzen,
exercent Doit on pour les bêtes aussi encore primes offrir

damit alle stehlen?" Sechs gegen fünf sagten: Er muss an den Galgen.
afin que tous volent Six contre cinq disaient Il doit à la potence

Auf der Leiter, als ihm der Henker den Hals visitierte, sagte er zu ihm:
Sur la échelle lorsque lui le bourreau le cou visitait disait il à lui

"Guter Freund, Ihr habt's ziemlich dick da am Hals. Fast hätt' ich
Bon ami vous avez il assez épais là au cou Presque aurais je

einen längeren Strick nehmen sollen." Denn wirklich war dem armen
une plus longue corde prendre devoir Car vraiment était le pauvre

Schelm das Kinn ziemlich stark mit dem Hals verwachsen, und als der
gaillard le menton assez fort avec le cou soudé et lorsque le

Henker den Strick – ohnehin ungeschickt – angebracht hatte und den
bourreau la corde de toute façon maladroitement fixée avait et le

armen Sünder von der Leiter hinab stieß, rutschte dieser mit dem Kopf
pauvre pécheur de la échelle en-bas poussa glissait celui-ci avec la tête

aus der Schlinge heraus und fiel unversehrt herab auf die Erde. Einige
de le noeud dehors et tomba intact en-bas sur la terre Quelques

Zuschauer lachten, aber der größte Teil erschrak und tat einen lauten
spectateurs riaient mais la plus grande partie s'effraya et fit un fort

Schrei, als ob sie fürchteten, es würde dem Übeltäter, den sie doch
cri comme si ils craignaient il irait le criminel que ils mais

wollten sterben sehen, schaden.
voulaient mourir voir faire du mal

Der Henker stand einige Augenblicke wie versteinert da und sagte
Le bourreau resta 1... quelques instants comme pétrifié ...1 et disait

endlich: "So etwas ist mir in meinem Leben noch nie passiert."
enfin Quelque chose comme ça est moi dans ma vie encore jamais arrivé

Da sagte der Dieb unten auf der Erde kaltblütig und mit
Là disait le voleur en-bas sur la terre froidement et avec

gequetschter Stimme: "Mir auch nicht", und alle, die es hörten,
coincée voix Moi aussi pas et tous qui il entendaient

vergaßen die Ernsthaftigkeit einer Hinrichtung, und dass ein armes,
oubliaient le sérieux [de] une exécution et que une pauvre

schuldiges Geschöpf ausgelöscht wird, und mussten lachen. Der
coupable créature éteint devient et devaient rigoler Le

Henker selber hielt das Taschentuch vor den Mund und sah auf die
bourreau lui-même tenait le mouchoir devant la bouche et regarda sur le

Seite. Die milder gestimmten Ratsherren aber ermahnten die
côté Les plus doux accordés conseillers municipaux mais rappelaient les

strengeren: "Lasst jetzt den armen Teufel laufen! Am Galgen ist er
plus sévères Laissez maintenant le pauvre diable courrir A la potence est il

gewesen, und mehr habt ihr nicht verlangt, und Todesangst hat er
été et plus avez vous pas demandé et peur de mort a il

ausgestanden." Also ließen sie ihn laufen.
enduré Alors laissaient ils lui courrir

52

# Seltene Liebe
Rare    amour

**Mit dem Leichnam eines jungen Mannes in der Schweiz, der**
Avec  la    dépouille  de un  jeune  homme  dans  la  Suisse  qui
**erschossen wurde in einem Gefecht nicht weit vom Vierwaldstätter**
fusillé    était  dans  une  bataille  pas  loin  de le  [dénomination]
**See, mit dem ging es seltsam zu. Dass er nach dem Gefecht begraben**
Lac  avec  lui  alla 1... il étrangement ...1  Que  il  après  la  bataille  enterré
**wurde, an einem gut ausgewählten Platz, das wussten mehr als**
était  à  une  bien  choisie  place  ceci  savaient  plus  que
**zwanzig Männer aus dem Ort. Die, die es taten und dabei waren und**
vingt  hommes  de  la  localité Ceux  qui  il  firent  et  avec  étaient  et
**ein Kreuz, wie man in der Eile eines machen kann, auf sein Grab**
une  croix  comme  on  dans la  vitesse  une  faire  peux  sur  sa  tombe
**steckten. Auf dass, wer vorüberginge, auch ein Vaterunser für seine**
fixaient  Sur  quoi  qui  passerait  aussi  un  Notre Père  pour  son
**Seele beten konnte.**
âme  prier  pouvait

**Am Dienstag darauf, als der Kirchenpfleger frühmorgens in die Kirche**
A le  mardi  après  lorsque le  responsable de l'église  tôt le matin  dans  la  église
**gehen und das Morgengebet anläuten wollte, lag der Leichnam**
aller  et  la  prière du matin  sonner  voulait  se trouvait la  dépouille
**daheim auf dem Kirchhof, vor der Kirchtüre. Man begrub ihn noch**
chez soi  sur  le  cimetière  devant la  porte de l'église  On  enterra  lui  encore
**einmal mit allen Gebräuchen und Gebeten der Kirche in die geweihte**
une fois  avec toutes  coutumes  et  prières  de la  église  dans  la  bénie
**Erde. Als es noch einmal Dienstag wurde, war der Leichnam wieder**
terre  Lorsque il  encore  une fois  mardi  devint  était  la  dépouille  de nouveau
**aus dem Grab und von dem Kirchhof weg verschwunden. Sonst tut der**
de  la  tombe  et  devant le  cimetière  parti  disparu  Ordinairement fait la
**Glaube Wunder. Diesmal aber tat es des Glaubens fromme Schwester,**
croyance  miracle  Cette fois  mais  fit  il  de la  croyance  pieuse  sœur
**die Liebe. Er war als Freiwilliger mitgezogen, weil ihm die Gemeinde,**
le  amour  Il  était comme  volontaire  joint avec  car  lui  la  commune
**falls er dabei den Tod fände, das Bürgerrecht angeboten hatte. Denn**
si  il  avec  la  mort trouverait  le  droit de cité  proposé  avait  Car
**er war nur ein einfacher Maurer, was zwar nicht zur Sache, aber zur**
il  était seulement un  simple  maçon  quoi certes  pas  à la  affaire  mais  à la
**Wahrheit gehört.**
vérité  appartient
**Seine junge Frau aber ängstigte sich daheim und weinte und betete,**
Sa  jeune femme mais  effrayait  soi  à la maison  et  pleurait  et  priait

und jeder Schuss, den sie hörte, ging ihr schaurig durchs Herz, denn
et chaque coup de feu que elle entendait alla lui macabrement à travers le cœur car

sie fürchtete, er gehe durch das seinige. Einer ging da durch, und als
elle craignait il irait à travers le sien Un alla là à travers et lorsque

die anderen am dritten oder vierten Tag wohlbehalten nach Hause
les autres à le troisième ou quatrième jour sain et sauf vers maison

kamen, brachten sie ihr das blutige Gewand ihres Mannes, sein
venaient apportaient ils lui le ensanglanté costume sien mari son

Gebetsbüchlein und seinen Rosenkranz.
livret de prières et son chapelet


"Dein Mann", sagten sie, "hat jetzt ein anderes Bürgerrecht
Ton mari disaient il a maintenant un autre droit de cité

angetreten. Er liegt im Ried. Ein Kreuz steht auf seinem Grab. Es
débuté Il se trouve dans le Ried Une croix se tient sur sa tombe Il

Das Ried = dénomination = La région inondable avec végétation luxurante

hätte jeden treffen können", sagten sie. Die arme Frau verging fast in
aurait chacun toucher pouvoir disaient ils La pauvre femme passa presque en

Tränen und Wehklagen. "Mein Mann erschossen", sagte sie, "mein
larmes et lamentations Mon mari abattu disait elle mon

Einziges und Alles – und im Ried begraben, in ungeweihter Erde!"
unique et tout et dans le Ried enterré dans non bénie terre


Da raffte sie sich plötzlich auf, und in der Nacht, als alles schlief, ging
Là ressaisit 1... elle soi soudain ...1 et dans la nuit lorsque tout dormait alla

sie allein mit einer Schaufel und mit einem Sack in das Ried hinunter,
elle seule avec une pelle et avec un sac dans le Ried en-bas

suchte das Grab und die geliebte Leiche und trug sie heim auf den
cherchait la tombe et la aimée dépouille et porta elle au foyer sur le

Kirchhof. Solche Herzhaftigkeit und Stärke hatte ihr der Schmerz und
cimetière Telle hardiesse et force avait lui la douleur et

die Liebe gegeben.
le amour donné


Als sie aber danach Tag und Nacht sich fast nie mehr von dem Grabe
Lorsque elle mais après jour et nuit soi presque jamais plus de la tombe

entfernen und nicht essen und trinken wollte, sondern unaufhörlich
éloigner et pas manger et boire voulait mais continuellement

das Grab mit ihren Tränen benetzte und mit dem Verstorbenen redete,
la tombe avec ses larmes arrosait et avec le défunt parlait

als ob er sie hören könnte, da sagte endlich der Vorsteher des Ortes,
comme si il elle entendre pouvait là disait enfin le responsable de la localité

es sei kein anderes Mittel übrig, als man grabe den Toten
il serait aucun autre moyen restant que on déterrait 1... le mort

**heimlicherweise noch einmal aus und bringe ihn auf einen anderen**
secrètement encore une fois ...1 et apporterait lui sur un autre

**Kirchhof, sonst vergehe noch die arme Frau.**
cimetière sinon s'évanouirait encore la pauvre femme

**Also brachte man sie mit viel Zureden und Mühe in ihre leere**
Ainsi rapporta 2... on elle avec beaucoup sermonner et peine dans son vide

**Wohnung zurück und brachte in der Nacht den Leichnam auf einen**
appartement ...2 et apporta dans la nuit la dépouille sur un

**anderen Kirchhof. Nur wenige Menschen wussten, wohin. Den**
autre cimetière Seulement peu personnes savaient où Le

**frommen Leser rührt diese Geschichte, und er sagt, solcher**
pieux lecteur touche cette histoire et il dit pareil

**beispiellosen ehelichen Liebe und Treue können nur noch**
sans précédent conjugal amour et fidélité peuvent seulement encore

**Schweizerherzen fähig sein. Irrtum! Beide, die unglückliche Frau und**
cœurs Suisses capable être Erreur Les deux la malheureuse femme et

**ihr verstorbener Gatte waren Fremdlinge, und zwar aus Deutschland.**
son défunt mari étaient étrangers et certes de Allemagne

**Doch kein Schmerz dauert ohne Ende; der heftigste am wenigsten.**
Mais pas de douleur dure sans fin le plus violent le moins

**Die Frau gewann in der Folge einen zweiten braven Gatten, ebenfalls**
La femme gagna dans la suite un second brave mari également

**einen Deutschen, und die Gemeinde erteilte diesem das Bürgerrecht,**
un Allemand et la commune accorda celui-ci le droit de cité

**das sein Vorgänger mit seinem Leben erkauft hatte. Diese Geschichte**
que son prédécesseur avec sa vie acheté avait Cette histoire

**hat mir auf dem See zwischen Winkel und Stansstad ein Augenzeuge**
a moi sur le lac entre [dénomination] et [dénomination] un témoin

**erzählt, und von der Ferne den Ort gezeigt, wo sie vorgefallen war.**
raconté et de le lointain le endroit montré où elle passé était

## Seltsame Ehescheidung
Curieux divorce

**Ein junger Schweizer aus Solothurn kam in spanische Dienste, hielt**
Un jeune Suisse de Solothurn arriva en espagnols services tena

**sich gut und erwarb sich einiges Vermögen. Als es ihm aber zu wohl**
soi bien et gagna soi certaine fortune Lorsque il lui mais trop bien

**war, dachte er: will ich oder will ich nicht? – Endlich wollte er, nahm**
était pensait il veux je ou veux je pas Enfin voulait il prit .

**eine hübsche, wohlhabende Spanierin zur Frau und machte damit**
une jolie aisée Espagnole comme femme et faisait avec

**seinen guten Tagen ein Ende. – Denn in den spanischen**
ses bonnes journées une fin Car dans les espagnols

**Haushaltungen ist die Frau der Herr, ein guter Freund der Mann, und**
ménages est la femme le patron un bon ami le homme et

**der Mann ist die Magd.**
le homme est le domestique


**Als nun der bedauernswerte Schweizer von der Sklaverei müde war,**
Alors maintenant le regrettable Suisse de le esclavage fatigué était

**fing er an, das fröhliche Leben in der Schweiz und die goldenen**
commença 1... il ...1 la joyeuse vie dans la Suisse et les dorées

**Berge zu rühmen; er meinte die Schneeberge, und wie**
montagnes à vanter il pensait les montagnes enneigées et comment

**man lustig nach Einsiedeln wallfahrten könne und schön beten am**
on joyeux vers [dénomination] pèleriner pouvait et joliment prier à la

**Grabe des heiligen Niklas, und was für ein großes Vermögen er**
tombe du saint Niklas et quoi [---] une grosse fortune il

**daheim besitze. Da wässerte endlich der Spanierin der Mund nach**
à la maison possédait Là mouillait enfin la espagnole la bouche vers

**dem schönen Land und Gut, und es war ihr recht, ihr Vermögen zu**
le joli pays et bien et il était lui convenir sa fortune à

**Geld zu machen und mit ihm zu ziehen in seine goldene Heimat.**
argent à faire et avec lui à joindre dans son doré pays natal


**Also zogen sie miteinander über das große Pyrenäische Gebirge bis an**
Ainsi joignèrent ils ensemble par-dessus la grande chaîne des Pyrénées jusque à

**den Grenzstein, der Spanien von Frankreich trennt; sie mit dem Geld**
la borne qui Espagne de France sépare elle avec le argent

**auf einem Esel, er nebenher zu Fuß. Als sie aber an dem Grenzstein**
sur un âne il à côté à pied Lorsque ils mais à la borne

**vorüber waren, sagte er: "Frau, wenn's dir recht ist, bis hierher haben**
au-delà étaient disait il Femme si il toi juste est jusque par ici avons

**wir's spanisch miteinander getrieben, von jetzt an treiben wir' s**
nous il espagnol ensemble exercé à partir de maintenant exerçons nous il

**schweizerisch. Bist du von Madrid bis an den Markstein geritten und**
suisse As tu de Madrid jusque à la pierre de marquage chevauché et

**ich bin dir zu Fuß nachgetrabt den langen Berg hinauf, so reit' ich**
moi suis toi à pied trotter après la longue montagne en montant ainsi chevauche je

**jetzt von hier weg bis Solothurn, und der Fußgänger bist du."**
maintenant de ici loin jusque [dénomination] et le piéton est toi

**Als sie darüber sich unwillig stellte und schimpfte und drohte und**
Lorsque elle y soi indignée montrait et insultait et menaçait et

**nicht von dem Tierlein herunter wollte: "Frau, das verstehst du noch**
pas de la bestiole descendre voulait Femme ceci comprends tu encore

**nicht", sagte er, "und ich nehme dir's nicht übel", sondern brach an**
pas disait il et je prends toi il pas mal mais craqua 1... à

**einem Busch einen tüchtigen Stecken ab und las ihr damit ein langes**
un buisson un vaillant bâton ...1 et lut 2... elle avec un long

**Kapitel aus dem Solothurner Eherecht vor, und als sie**
chapitre de le de Solothurn droit du mariage ...2 et lorsque elle

**alles wohlverstanden hatte, fragte er sie: "Willst du jetzt mit, du Hexe,**
tout bien compris avait demanda il elle Veux tu maintenant avec tu sorcière

**und gut tun, oder willst du wieder hin, wo du hergekommen bist?" Da**
et bien faire ou veux tu à nouveau là de où tu venue es Là

**sagte sie schluchzend: "Wo ich hergekommen bin!" und das war ihm**
disait elle sanglotant De où je venue suis et ceci était lui

**auch das Liebste.**
aussi le plus cher

**Also teilte der ehrliche Schweizer das Vermögen mit ihr und sie**
Ainsi partagea le honnête Suisse la fortune avec elle et ils

**trennten sich voneinander an diesem Grenzstein weiblicher Rechte,**
séparaient soi l'un de l'autre à cette borne [de] féminins droits

**und jeder zog wieder in seine Heimat. "Deinen Landsmann," sagte**
et chacun passa à nouveau dans son pays natal Ton compatriote disait

**er, "auf dem du hergeritten bist, kannst du auch wieder mitnehmen."**
il sur lequel tu chevauché est peux tu aussi de nouveau emmener

**Merke: In Spanien machen's die Weiber zu grob, aber in Solothurn**
Remarque En Espagne font il les femmes trop rude mais à *Solothurn*

**auch manchmal die Männer. Ein Mann soll seine Frau nie schlagen,**
aussi quelques fois les hommes Un homme doit sa femme jamais frapper

**sonst bringt er sich selber Unehre. Denn Ihr seid ein Leib.**
sinon apporte il soi-même deshonneur Car vous êtes un corps

www.holder-augsburg-zweisprachig.de

FSC
www.fsc.org

MIX

Papier aus ver-
antwortungsvollen
Quellen

Paper from
responsible sources

FSC® C105338